人物小故事丛书

教育家

颜煦之◎编著

台海出版社

图书在版编目（CIP）数据

教育家 / 颜煦之编著. —北京：台海出版社，
2013. 7

（大人物的小故事丛书）

ISBN 978-7-5168-0171-0

Ⅰ. ①教…Ⅲ. ①颜…Ⅲ. ①教育家—生平事迹—世
界—青年读物 ②教育家—生平事迹—世界—少年读物
Ⅳ. ①K815.46-49

中国版本图书馆CIP数据核字（2013）第133305号

教育家

编　　著：颜煦之

责任编辑：姜　航
装帧设计：　　视界创意　　版式设计：钟雪亮
责任校对：李艳芬　　　　　　责任印制：蔡　旭

出版发行：台海出版社
地　　址：北京市朝阳区劲松南路1号，　　邮政编码：　100021
电　　话：010—64041652（发行，邮购）
传　　真：010—84045799（总编室）
网　　址：www.taimeng.org.cn/thcbs/default.htm
E-mail：thcbs@126.com

经　　销：全国各地新华书店
印　　刷：北京一鑫印务有限责任公司
本书如有破损、缺页、装订错误，请与本社联系调换

开　　本：710×1000　　1/16
字　　数：178千字　　　　　　印　　张：12
版　　次：2013年7月第1版　　印　　次：2021年6月第3次印刷
书　　号：ISBN 978-7-5168-0171-0

定价：29.60元

目 录 MU LU

编者的话·························· 1

学琴···························· 1
因材施教························ 3
孔子的感叹···················· 6
曾子宰猪······················ 8
墨子巧回答···················· 11
善于教育的孟母··············· 13
是"馈赠"还是"贿赂"··· 16
孟子论"君子"··············· 18
名师出高徒···················· 20
大王教小王···················· 22
书童画家······················ 24
太元老和尚···················· 26
营救进步学生················· 29
阴差阳错······················ 31
木匠出身的齐白石············ 33
师生易画······················ 35
沙炒豆与护腿坛··············· 37
绝不含糊与宽宏大度········· 39
蔡元培的娶妻条件············ 41
归鹤轩························ 43

立煞马屁风···················· 45
"吝啬的"陈嘉庚············ 47
教育"不倒翁"··············· 49
以身作则······················ 51
诗的教育······················ 53
躲不过的寿筵················· 55
鲁迅理发记···················· 58
六本赠书······················ 60
陈寅恪讲武则天··············· 63
再过一个小时················· 65
对于亚圣的疑问··············· 67
钟表店学校···················· 70
手脑并用做桌凳··············· 73
四块糖的故事················· 75
研究从儿子开始··············· 77
叶圣陶教子做文章············ 79
与新中国同时诞生的课本··· 81
刘海粟创办美术学院········· 83
刘海粟破格录取张玉良····· 85
胜于狐仙······················ 87
熊庆来与华罗庚··············· 89
民乐宗师刘天华··············· 92

不可有傲态，不可无傲骨…… 94

培育新一代画家………… 97

提携傅抱石………… 99

严谨务实的教学法……… 101

保护学生是校长的职责…… 103

停战三分钟………… 105

眼睛上的那层黑布………… 107

以身垂范，一世师表……… 109

情同母子，真爱无边……… 111

拉住孩子的手………… 114

坚持就是美德………… 116

希波克拉底誓言………… 118

医学之父斗僧侣………… 120

教育家的胸怀………… 122

不学习，毋宁死………… 124

院士艰难办学………… 128

圣皮埃尔岛风波………… 130

重返"新庄"………… 132

怪兽吓不倒的老师……… 134

为人师表黑格尔………… 137

名噪一时的"导生制"…… 139

"幼儿园"之父………… 141

树立起座座丰碑………… 143

敢为天下先………… 145

学生实验室………… 147

艺术长廊………… 149

互助储金会………… 151

科学教育创始人………… 153

情同父子俩教授………… 155

老校长跟踪育人………… 158

光明的使者………… 160

切莫弄巧成拙………… 162

锁定目标育英才………… 164

克劳斯教子………… 166

斯特娜夫人育女………… 169

培养一千个"邓肯"……… 172

叩开原子殿堂………… 174

始料未及的结果………… 176

培养做人的尊严………… 178

双手托起东方明星……… 180

校长的愤怒………… 182

播种良知的教育家……… 184

编者的话

古往今来，世界上涌现了多少英雄豪杰、旷世奇才！他们中有的胸怀天下，保家为国，为民谋福；有的文武双全，万夫莫当，勇冠三军；有的超凡入圣，博古通今，满腹经纶；有的足智多谋，能言善辩，安邦定国；有的七步成章，著书立说，著作等身；有的多才多艺，身怀绝技，不同凡响；有的心灵手巧，创造发明，造福人类；有的学富五车，诲人不倦，为人师表；有的浪迹天涯，出生入死，敢为人先；有的忍辱负重，自力更生，艰苦创业……

这些出类拔萃、建有丰功伟绩并能流芳百世的人物，就是人们所景仰的政治家、军事家、思想家、外交家、文学家、艺术家、科学家、教育家、探险家、企业家……

这些人，在他们各自领域能取得辉煌的成就，都有各自的原因。或是勤奋好学，任劳任怨；或是克勤克俭，锲而不舍；或是谦虚谨慎，勇于探索……他们的成功，离不开他们良好的心理素质和高尚的道德品质。他们的成功，都饱含着辛勤的汗水和痛苦的泪水。他们的成功，都有一个个说不完的动人故事。

这些人，是能人，是强人，是名人，是巨人，是圣人，是"超人"，是伟人，是我们常说的大人物。他们不仅为后人留下数不尽的物质财富，也给我们留下无尽的精神力量。他们是人们崇拜的对象，也是人们学习的榜样。

人们常说，"榜样的力量是无穷的"。"近朱者赤，近墨者黑"，就是这个道理。孟母三迁，择邻而居，就是要为儿子找个好榜样。

这里，我们收集了10个领域里共1000多位大人物的小故事。大人物，虽是伟人、巨人，但他们也是常人，是凡人。他们也有着跟普通人一样的经历。他们有七情六欲，喜怒哀乐；他们有成功的喜悦，也有失败的痛苦；他们曾有万贯家财，也曾一贫如洗；他们曾所向无敌，也曾溃不成军；他们曾受人敬仰，也曾被人耻笑……在他们身上，有许多这样生动有趣的小故事。

这些小故事，大都以历史事实为依据，加以描写；也有以人物传记为蓝本，加以缩写；也有以新闻报道为素材，加以改编。这些小故事，有写政治家的雄才大略，也写他的大智若愚；有写军事家的视死如归，也写他的儿女情长；有写外交家的大义凛然，也写他的委曲求全；有写思想家的真知灼见，也写他的人生追求；有写艺术家的勤奋刻苦，也写他的德艺双馨；有写教育家的知识渊博，也写他的不耻下问；有写文学家的创作甘苦，也写他的奇妙构思；有写科学家的呕心沥血，也写他的失败经历；有写探险家的赴汤蹈火，也写他的胆大心细；有写企业家的仗义疏财，也写他的精打细算……

这些小故事，像一颗颗璀璨的露珠，晶莹剔透，闪闪发亮，能折射出大人物们身上夺目的光芒。这就是人格魅力！这就是人格力量！这就是我们学习的榜样。

我们写出这些大人物的小故事，把他们的精神面貌一一展示在你的面前，少年朋友们读了这些小故事，当可从中获得知识，受到启迪，明白事理，学会做人。

祝福你，少年朋友，但愿你也能成为大人物！

·学 琴·

孔丘(前551—前479年),春秋末年思想家、教育家,儒家学派创始者。字仲尼,山东曲阜人。

这个伟大的教育家规定学生学习的主要内容为诗、书、礼、乐。

既然要教学生乐,当然自己对音乐也应该有较深的造诣。下面是孔丘学习音乐、钻研音乐的一个故事。

鲁国乐官师襄子是个音乐上造诣很深的人。因他最最擅长的是击磬,人称"击磬襄"。

有一次,孔子跑去恭恭敬敬地向他请教,请求学习弹琴。

师襄子说:

"孔丘兄弟,说要我充当你的老师,自问论才论德,我也多有不及,不敢妄自称尊。至于琴这一道,我只是先于兄弟早学了几年。其实击磬,我还多些体会,在琴上下的工夫就不太多了。承蒙兄弟不弃,我就将弹琴的普通乐理讲一点你听吧。"

于是师襄子就将弹琴的基本知识教给他,然后取出一篇乐谱来让他学着弹奏。

孔子请师襄子找了一间僻静小屋,足不出户地弹了10天,弹奏得有模有样。师襄子对孔子说:"嗯,你果然不简单,现在你可以换弹另外一支曲子了。"

孔子说:"多谢老师指教,学生曲调虽已学成,但弹奏技艺还未娴熟,望老师容我再练上几天。"

师襄子笑笑说:"也好,也好。"

又过了10天,师襄子说:"现在技艺已经娴熟,你可以另换一支曲子了。"

孔子说："学生尚未领会曲子中的情趣意境，个中奥妙，还望老师再容我练习几天。"

这样又练了10天，师襄子细细听了，觉得其琴声缠绵悱恻，令人有高山流水之思；有时像巫峡猿啼，有时像子夜鬼哭，有时像清音婉转，有时如诉如慕。师襄子赞叹道："你的学习精神果然不凡，现在曲子中的情趣意境已能领会，你总可以另换曲子了吧？"

孔子说："学生虽已学得一点弹奏的技巧，但是学曲子应该体会出作者的创作意图，想象出作者其人。我现在还没有做到这点。请老师再容孔丘摸索一段时间。"

在这以后的10天中，孔子时而弹奏，时而停下来沉思默想。

到了最后一天，他终于站起来，跑到师襄子那里，高兴地叫道：

"老师，老师，学生已经想象出作者这人来了，也不知对不对，这人脸色黝黑透黄，个儿魁伟，双目远眺，很像是一位王者。听那曲调古远深奥，目光远大，志向深邃，看来恐怕是周文王吧？"

师襄子大惊，走到孔子面前，拜了两拜缓缓说道："人说孔丘是个了不起的人物，从前还不太相信，通过这几天教你弹琴，看来果然如此。据我老师所说，这支曲子正是《文王操》呀！实话告诉你，我老师说时，也没咬定，当时我再三揣摩，只是不敢肯定。今天经你一说，那么，《文王操》一说，是肯定无疑的了。你真了不起啊！"

·因材施教·

自夏商至春秋的1500多年漫长时期中，教育都是官方组织的，接受教育的多是贵族子弟，培养他们的目的也是为了能让他们管理国家、统治百姓；老百姓虽然也可以从官办的学校里读几部书，那是为了让他们得到当低级官吏必需的知识。

孔子这位中国历史上的第一位教育家虽身为贵族后代，却很为平民着想，提出了"有教无类"，打破了旧教育方式。后人称他为"至圣先师"，拜他为教育的祖师爷。

他曾在鲁国的阙里、杏坛等地开办私学，从教40多年，学生多达3000人。这在当时人口稀少的情况下是件十分轰动的事。

孔子所教的内容，既有《诗》、《书》、《礼》、《易》、《乐》、《春秋》等六经，还有礼、乐、射、御、书、数等。

因为"有教无类"即天下什么人都可以读书，所以年轻人纷至沓来，3000人中，精通六艺者有72人。这些学生，后人常常称他们为"七十二贤士"。

按说吧，孔子既然招了那么多的学生，定有规定的功课学业，那一定是按照一定的模式教书、按一定模式要求学生吧，然而不，他总是根据学生自身的资质去教育他们。

下面说的是一个很有趣的故事。

且说孔子的72弟子中有一位名叫子路，有一位名叫冉有。这天，子路跑去问孔子道："先生，弟子有一事请教，还请先生教导。"孔子道："但说无妨。"子路道："如果弟子突然遇见一事，该去做呢还是眼看着不去做？"

孔子道："你说的这件事原是应该做的吗？"

子路道："当然是应该做的那种，我是立即去做呢，还是不去做？"

孔子盯了子路足足有一分钟，然后缓缓说道："我知道你上有父亲、兄长，你为什么不先与他们商量一下然后再动手呢？"

子路道："如果弟子还在先生身边当然也得先请教一下先生啰？"

孔子道："正是。不在我的身边，则可与父兄商量。"

子路低下头道："弟子谨记先生教导。"

子路问话的时候，弟子公西华远远地站着，对于子路的问话，他全听在耳朵里了，一直在思忖先生说话的含义。

事有凑巧，冉有跑了过来，他也来问这个问题。

他走到孔子面前，恭恭敬敬地行了一个礼，道："弟子心有疑难，还请老师赐教。" 孔子道："请讲！" 冉有道："弟子有时候遇到一件看上去该做的事，不知是不是应该马上动手去做？做了不知会不会犯错？"

孔子笑了起来，这是因为他想到了刚刚子路来问过这个问题。

他还是盯了冉有一分钟，然后道："丝毫不可犹豫，立即就做。"

冉有又深深行了一个礼，道："老师一言，胜似读十年书。其实这事我已想了不止一天两天了，今天得以解决，以后办起事来就有了方向。"

谁又知道，就在冉有问话的当儿，公西华还在不远处，他心想："好个咱们的先生，才不久前子路问他这句话，他说得与自己的父兄商量商量；不到一顿饭的工夫，冉有去问了，他又倒了个儿，说应该毫不犹豫，说干就干。这不是公说公有理，婆说婆有理吗？一个问题两个截然不同的答案，这怎么叫人心服？"

于是他跑到孔子面前，也是恭恭敬敬行了个礼，道："刚才子路、冉有两位同窗来向先生请教，碰巧学生正在不远处，听到老师截然不同地回答他们同一个问题，这是学生耳朵听错了，还是一个问题真有两个答案？"

孔子道："这叫因材施教。因为子路性格鲁莽、好胜，动不动意气用事，所以我要他多多与人商量、三思而后行；而冉有为人优柔寡断，遇事想前思后，前怕狼后怕虎，什么事都缺乏决断，所以我要他立即就办，别决定不下来。"

公西华长叹一声道："先生果然高明。弟子口服心服了。"

·孔子的感叹·

有一段时间，孔子带领学生周游列国，希望推行他的学说。

当他走到陈国与蔡国之间，被人家困住了，不能脱身，有七天七夜没好生吃上一顿饭，干粮吃完了不说，最后连野菜汤也喝不上了。

孔子和他的这些弟子个个饿得头晕眼花，大家东倒西歪地倒在地上，真不知道怎么办才好。

幸好颜回脑子活络，他见这样下去不是个办法，再两天三天下来，不饿死几个才怪呢，于是偷偷一个人到村后去讨米。总算遇到一个好心人可怜他们，给了他一小袋米。

颜回大喜，赶快回来找水刷锅，架灶生火，烧起饭来。

孔子虽是个圣人，说到底也是个有血有肉的凡人，饿了这么些日子，见有了点米，心中按捺不住喜悦，只是表面上不便显出着急的样子，只站得远远的，看着颜回烧饭。

只见那三五个学生，在颜回的带领下，手脚麻利，动作熟练，才不一会儿，锅上已经炊烟绕绕，白雾袅袅，饭香已经搅得人人垂涎欲滴。

忽然，孔子看见颜回身子背着他，用一只木匙舀起半匙饭来，犹豫了一下，然后轻轻吹凉了，一下送进嘴里去了。

孔子看在眼里，先是愣了一会儿，过后摇摇头，心想："唉，人不可貌相，海水不可斗量。颜回这小子平日要多规矩有多规矩，遇上要紧关头，再不将老师放在眼里，连煮熟饭先敬老师也早丢在脑后了。"

他想教训他几句，但又不便当面给他难堪。他想呀想呀，到底想出一个好主意来。

就在颜回端饭给他的时候，孔子故意说："颜回呀，多谢你了。今天总算有口饭可以充饥了。不过，昨天夜里，我梦见了先父，见他面黄肌瘦，想来阴间的日子也不容易，若是这饭干净的话，我先祭奠一下先父怎么样？"

颜回连忙摇手，说："哎呀，不行不行，这饭已经算不上干净，老师。这饭煮的时候因为锅盖不合缝，烟灰落了进去，弄脏了饭，我怕扔了对不起天地，就连饭带烟灰吃了。"

孔子叹口气说："可惜，可惜，这么说来，我要先祭奠先父的主张只好暂时缓一缓了。"

但是孔子毕竟不愧为"圣人"，多少有些自我检讨的精神。

他对自己以小人之心度君子之腹感到很惭愧，然后，他一个人背着一双手在帐篷外踱步，边走边暗自想："哎，俗语说，耳听为虚，眼见为实。其实眼见了也不一定为实呀！刚才我看见颜回背着人在吃饭，还以为他心地不纯呢，差点儿冤枉了他。"

过了一会儿，他的心里兀自不安，就索性将学生们叫了过来，将自己刚才的疑心和惭愧说了一遍，最后才说："同学们记住了：要了解一个人可真不容易呀，以后遇见这类事，务必多多小心，不让自己犯错，误解了他人啊！"

·曾子宰猪·

　　曾参（前505—前435年），春秋末鲁国人，孔子的得意门生。以孝行见称，作《孝经》。曾子不但对长辈孝顺，对自己的孩子也很注意教育，其中有一件事，一直到现在还为人津津乐道。

　　有一天，曾参的妻子要上街去买点东西。她的孩子哭着闹着一定要跟她去，曾妻哄了他两次，就是不听。曾妻上街有许多事情要办，带了孩子多有不便，就哄他说：

　　"宝宝乖，回家呆着，与隔壁小东好好儿玩去。娘今天的事情多着呢，只要你乖，娘回来给你吃好东西。"

　　曾参家穷，孩子好久没好东西进嘴了，听说有好东西，心也动了。但他得问个清楚。

　　他问："妈妈，你等会儿给我吃什么？"

　　他妈妈只想哄哄他，一时也说不上来。

　　她四下一看，见家里的那头猪正在院子围墙脚下"咕噜咕噜"拱地，就随口说道："等我回来给你杀猪，红烧红烧，香喷喷，宝宝一个人吃一小碗，好不好？"

　　孩子听了大喜，拍着小手，叫道："啊，有猪肉吃了！有猪肉吃了！——妈妈，你可不兴骗人啊？"

　　"不骗，不骗。"他妈妈边走边说，顾自上街去了。

　　曾参的小儿子听见今天有肉吃，高兴得跳到这头小公猪的身上，拉住它的耳朵，像个将军似的挺着腰板，吆喝道：

　　"啰啰啰，快走快走，小公猪，今天你特别要听我的命令！"

　　邻居小东过来说："哈，骑猪！来，让我也骑骑！"

曾参的儿子说："不行，这猪只有我能骑，因为它已经是我的了。我妈妈说，等她一回家，就杀来我吃。"

小东说："反正要杀了，我骑骑要什么紧？"

说着，他拉住猪尾巴不放，吓得小猪乱窜乱跑，尖叫不停。

他的爸爸曾参刚刚从田里回来，说道："孩子，你干什么？不要骑在猪背上，猪比不得牛和马可以骑，猪骑多了就不长肉，要生病的。乖，快下来！"

儿子说："爸爸，今天骑了不要紧，因为它马上就要被杀掉了。它已经是我的了。我的猪，就得归我管，听我的话！"

曾参说："小孩子家，乱说啥，谁说要杀它？猪只有长大了才杀，谁家有杀小猪的？"

儿子说："骗你不是人，这是妈妈说的。她叫我乖点儿，她从街上回来就杀猪给我吃。"

曾参一把将他儿子从猪背上抱了下来，半信半疑地说："真有这件事？你没有撒谎吧？"

小儿子赖在地上，哇哇大哭，边说："……呜呜……我就知道你们大人说了话不算数……呜呜……还说给我吃肉……"

小东反而笑嘻嘻地说："还说呢，我知道大人是骗骗你的。"

曾参见隔壁一位老婆婆在，就问她："阿婆，你有没有听见？他妈妈真的说过这个话吗？"

阿婆说："是啊是啊，这话倒真的说过，只是她是骗骗孩子的，哪里当得了真？刚才就在他们母子说话的当儿，我正好站在窗口，将他们讲的话听得一清二楚。她确实说了，只要他乖，回家就杀猪给他吃。"

看来，小儿子讲的是真的。

曾参的妻子回来时，老远就看见自己的丈夫请了邻居帮忙，在捆绑自己家里的那头半大不小的猪。看那模样是要杀它。

她心里大惊，心想到年关还有四个月，过年什么也没有，就指望这头猪，现在杀了，过年吃什么？

她三步并作两步，急忙跑去，边跑边叫："喂喂喂，干什么？干什么？猪还没养大，现在杀了，拿什么来过年？"

曾参道："你刚才不是答应孩子回家杀猪给他吃吗？你说，你说过这句话没有？"

曾妻脸一红，说："这是我哄哄他的，怎么当得了真？哪个父母不是这样哄孩子的？"

曾子道："给孩子可不能乱开玩笑的。孩子还小，一切都是跟父母学的。你欺骗了他，就等于是在教他撒谎。既然你已经说了杀猪给他吃，我们就应该说话算数。你进屋去吧，杀猪的事就不用你操心了。"

于是，他就把猪给宰了。

·墨子巧回答·

墨翟（约前468—前376年），春秋战国时期的思想家、教育家。他出身低微，当过木匠，宋昭公时，曾当过大夫，后长期居住鲁国，弃儒倡墨，是墨家学派的创始者。墨家学派提倡"兼爱"、"非攻"，站在小生产者的立场上，为他们说话。

墨子在教学上曾提出"量力所能至"的自然原则。他要求教师做到"深其深，浅其浅"，使学生能"浅者求浅"、"深者求深"。也就是说，学生理解好的，让他们学深一点；理解一般的，让他们懂得少一点也不碍事。有点因材施教的意思。因此，他提倡学生质疑问难，自己总是幽默地运用浅显的比喻加以解答，使学生心领神会。其实利用生动的比喻来解答问题，则是身为教师的一种技巧，墨子在这方面做得相当好。

有一次，他的学生子禽问他："老师，我经常想，说话这东西有好处也有坏处。常常听人说，祸从口出，似乎应该是不说话才好；但是说话是人们思想交流的重要工具，难道能不说话吗？请问，我们多说话到底有没有好处？"

墨子回答说："话是非说不可的，但是话要是说得太多，就没有什么好处！比如池塘里的青蛙，整日整夜地'呱呱呱，呱呱呱'叫着，弄得口干舌疲，却从来也没有人去注意它。但是，鸡棚里的雄鸡，只在天亮时'喔喔喔'啼两三次，大家知道鸡啼要天亮，都很留意。所以，重要的是话要说得切合时机。"

一个巧妙的比喻，就让问者终生受益。

又有一次，巫马子问墨子："您主张'兼爱'，我看世界上的人也不曾得到过您的好处；我是不讲'兼爱'的，世上的人也不曾受到过我的什么害处。你们只是嘴上说说好听罢了，事实上没有产生一点效果。这样，也不见得您好在哪里，我又不好在哪里。"

他因为主张上与墨子不同，所以说话未免有点不太好听。可是墨子并不与他计较，而是与他说理。

墨子说："您这个问题提得好，确实很有讲一讲的必要。我还是举个例吧。比如有幢房子被烧了，火势熊熊，异常猛烈，邻居某甲打算取水去救火；邻居某乙却打算拿些引火的干柴、硫磺等去助燃。老兄看这两位的想法如何？"

巫马子说："您是说两个人还都在头脑里想想，尚未付诸行动？就是说还没有动手？"

墨子说："正是，他们两人的想法，还都在头脑里想想，还没有做出来，还没有行动。可是您倒说说看，这两个人哪个对，哪个不对？"

巫马子说："这个还用我说吗？当然是甲对，乙不对啦！"

墨子说："我们的事，和这甲、乙两人有什么两样呢？"

巫马子说："您是说您的'兼爱'出发点是好的，可是我的理论出发点不够好，是这个意思吧？"

墨子说："正是。天下任何事，效果固然重要，动机也不能坏。能够二者结合固然最好，一时做不到，也得尽量争取；如果动机是坏的，即使没有造成坏的局面，也是要不得的。"

墨子就是用这样生动的比喻回击了巫马子的质问。

·善于教育的孟母·

孟子是战国时期伟大的思想家，他继承并发扬了孔子思想，为儒家学说的发展立下了不朽的功勋。孟子名轲，出生地离孔子的故乡不远，当时是邹国。他的母亲是一个很会教育孩子的妇女。虽然没人称她是教育家，但孟母三迁的故事流传千古，她是人们心目中非常出色的教育家。

当初，孟子的家住在墓地附近。这是一块占地300亩的大坟地，四周全是些荒山土丘，一些没钱没势的穷人都上这儿来埋葬死人。

这个时候，可热闹了，抬棺材的抬棺材，敲丧锣的敲丧锣。他们啼啼哭哭抬来棺材，挖坑啊，下葬啊，祭祀啊，搞得悲悲切切。

到了每年扫墓的时候，更是人来人往，香烟缭绕，墓地里到处是祭祀活动，引得附近一大群小孩子去看热闹。

小孟轲年幼不懂事，觉得很好玩，就跟着去学。他们轮流着叫一个小朋友当死人，其他人当亲族，装着哭哭啼啼地抬着这个孩子去"埋葬"。"死者"得一动不动躺在木板上，孟轲装作是"兄弟"，头上包一方白布，假装一把眼泪一把鼻涕地哀哀地哭。其他小朋友则跪拜的跪拜，挖坑的挖坑，一时间，别的游戏都不做，特别热衷于玩这个了。

这些事让孟母见到了，就说："唉，这个地方太不像话，成天与死人打交道，孩子很会模仿，这对孩子是没有好处的。"于是她就要搬家，但是要找个房子也不容易，东找西找，好不容易找了一个，是在市场边上。

这里是个大集市，方圆三十里，凡是做生意的，全将货物拉到这里来卖。孟轲一搬来，马上就与当地的小朋友们交上了朋友。他们几个人闲着没事儿干，就经常上市场去转。久而久之，觉得挺好玩，就学着也做起买卖来。

有一天，孟母看见孟轲正在同几个孩子在墙角玩。

孟轲蹲在地上，他的面前排列着一块一块的砖头，口里很在行地叫喊："快来买快来买！上好的大馒头，一个鸡蛋可以换两个！"

其他的几个小朋友，就一窝蜂赶着叫："换三个怎么样？你的馒头不大，我的鸡蛋大着呢！"

孟轲接过他们递过来的"鸡蛋"（其实是几块石头），很内行地用手掂了掂，说："嘿，这么小的鸡蛋，不行、不行。这样吧，你两个鸡蛋，换我五个馒头吧。"

瞧他那模样，就像是一个已做了三年五年生意的老买卖人呢。

孟母皱起眉头，说："啊，我真没想到，孩子又学起买卖人做生意来了。看来，我还得搬家。"

这次，孟母就挑选好地段，挑来挑去，觉得还是搬到学宫边上最好。只是，学宫边上屋子不多，一般人不肯租给她。她一咬牙，就花了点钱，造了一间简陋的土屋，搬了进去。

果然，一搬到学宫旁边，孟轲所看到的都是读书人，所听到的都是有关读书的事。当时读书人要学礼节，读书人彬彬有礼，谈起话来也头头是道。小孟轲心里很是羡慕，也就学着这一套，对大人、对小朋友有礼貌多了，连读书也用功了不少。

孟母看了很是高兴。可是，孩子毕竟是孩子，孟轲的玩心重，有时读着读着，腻烦起来，就溜出去玩了。一天，孟轲正在读书，读着读着，屁股再也坐不住，蹑手蹑脚探出头去，见他娘正埋着头织布，他又一次溜出去玩儿了。

这一玩儿，一直玩儿到中午才回来，进门一看，只见母亲正坐在织布机旁，咬牙切齿地剪那块织了一半的布。

这可是从来没有的事，孟轲大吃一惊，跑上去问："娘，布还没织完呢，你干吗剪掉它？"

孟母流着眼泪道："你不肯好好学习，老溜出去玩儿，这跟布没织完就剪断一样，你怎么不可惜呀？"

　　孟轲听了一把夺过布匹，跪了下来。他知道自己错了，就哭着说："娘，我不好……我……我以后再不这样了，娘能饶恕孩儿吗？"从此，孟轲发愤读书，学业有了很大长进。

　　有外在良好环境的熏陶，有内在坚持不懈的努力，孟子终于成了中国历史上著名的圣贤。

·是"馈赠"还是"贿赂"·

孟轲（约前372—前289年），战国时邹国人，儒家学说的主要代表人物，后代称他为"亚圣"。就现今的眼光来看，学说上他比孔子更加进步，因为他将老百姓的位置提到高于君主，做皇帝的当然心里不太高兴，所以在封建社会，他的地位似乎稍逊于孔子。他也像孔子一样，是位大教育家。他不但教育学生学识，更加注重教育学生道德品质。

有一次，他的学生陈臻问他一个非常尖锐的问题。

这天陈臻走近孟子，脸上阴晴不定，行了个礼，很谦恭地问道："老师，弟子有一事在心里存得已久，一直解决不了，早想请教，不知该不该说？"

孟子笑道："我是你们的老师，本来就应该回答你们的问题。一时回答不了的，也可以一起探讨呀，为什么犹豫不决？"

陈臻这才鼓起勇气道："老师，这个问题是这样的：记得以前弟子与您一起去了齐国，齐国国君曾经送您金（其实是一种铜币）100镒（每镒20两）。老师您再三推辞，不肯接受。有这回事吗？"

孟子道："实有其事。当时大家也在场。那位大管家还让人一直送到咱们的马车上呢，还是我让公孙丑搬回去的。"

陈臻道："那么老师还记得咱们去宋国那回事吗？那天宋国国君送您70镒金，我看您也不怎么推辞，只是谢了谢他，就不客气地收了下来，这件事，也有的吗？"

孟子脸不改色地说："确有其事。那次确是收了他们70镒，我记得清清楚楚，不但让公孙丑搬上了马车，连你，也好像帮着搬过。"

陈臻道："老师还记得，可见弟子没有记错。还有一次，好像是在楚国……"

　　孟子打断他道："不对，是薛国。"

　　陈臻欢呼一声道："正是薛国。弟子差点忘了。那次他们国君是送了咱们多少金啊？"

　　"那次是50镒。"

　　"就是，正是50镒。他们国小民寡，送这么多，也可见他们的情了。"

　　孟子道："你回忆这些事，是想就其中的蹊跷问个问题吧？"

　　陈臻道："正是，三个国家三次馈赠，老师收下两次而推掉了一次。弟子的问题是：如果以前的推辞是对的，那么后来的收受就是错的了；如果说后来收受是对的，那么以前推辞就是错的了。反正任凭怎么说，总之我们是错了其中的一次。老师您说呢？"

　　孟子稍一沉思，从容道："你的问题问得很好。可见你观察事物很细心，平时也在不时地思考问题。我告诉你吧：在宋国时，咱们一路奔波，路途遥远，正好带去的干粮和干草都已用得差不多了，加上当时车子要修；一般送人要走远路的话，都要送些路费，宋国国君说：'先生，区区小礼，权当路费吧。'他送的是路费，咱们就没有理由不收受。在薛国时，薛国国君知道咱们去的路上多是丛林、高山，盗匪甚是猖獗，他见咱们几个赤手空拳，怕着了盗匪的道儿，就特地拿些钱出来让咱们购置些刀枪防身。这是主人家的一番好心，咱们有什么理由不收呢？"

　　陈臻道："那么在齐国……"

　　"是啊，齐国国君要我帮他去做不义之事，我不同意，他便要送咱们100镒。咱们如何能收啊？"

　　陈臻道："多谢老师指教，弟子明白了，如果是真心又正当的礼节，那便是'馈赠'；如果是为了达到不义的目的，那就是'贿赂'。"

·孟子论"君子"·

"坎坎伐檀兮，置之河之干兮。河水清且涟猗。不稼不穑，胡取禾三百廛兮？不狩不猎，胡瞻尔庭有县貆兮？彼君子兮，不素餐兮？"孟子的弟子公孙丑大声地在朗诵《诗经》中《伐檀》那一篇，模样儿有点摇头晃脑。

刚要往下再念，公孙丑突然呆住了，挠着头皮深深思索起来。想了一会儿，还是想不通，他就跑到老师孟子那里去了。

"老师，弟子有一事请教！"孟子正在竹片上刻什么，看见公孙丑跑了进来。孟子微笑道："瞧你，总是这样的匆匆忙忙，什么事？说吧。"

"刚才弟子在读《诗经》中的一篇《伐檀》，其中有那么一句，'彼君子兮，不素餐兮'，我想请教老师，我们这种人，到底算不算是'君子'？"

孟子心里一动，不禁暗暗庆幸自己收了这么好的弟子。瞧他，想得多深啊。但是他嘴里还是这样说："在我回答问题之前，请你先告诉我，你读懂了这篇东西吗？你能不能先将它解释一遍，让我听听好不好？"

公孙丑道："弟子以为还是读懂了的，只是其中'君子'二字的含义还不明白。这是一篇劳动者诅咒那些君子的诗。这几句的意思是：乒乒乓乓地砍伐檀树啊，砍下来将它搁在河岸边。清清的河水泛起涟涟的波纹。既不耕种又不收获，为何拿走我们所种的300捆禾啊？既不冬狩又不夜猎，为何你家的屋子里挂满了猪獾啊！那些君子啊，是不白吃白喝人家东西的呵！先生，我这样翻译，意思对吗？"

孟子道："我看大致也就是如此。它本身就是一首民歌，讽刺那些不劳而获的人。"

公孙丑尴尬地说："弟子就想请教，我们这些人，例如老师和我们弟子们，到底算不算是君子？如果是的话，那，这篇《伐檀》是在讽刺我们，说我们白吃白拿啰？"

孟子说："问得好。公孙丑，你应该受到表扬，现在你特别爱提问，而且提出来的问题也都很深刻。你的问题核心是'君子'二字。"

公孙丑道："对。正是'君子'二字。如果我们是君子，那么我们也'不稼不穑'、'不狩不猎'，这样，我们岂不也成了白吃饭的了吗？"

孟子道："'君子'是个通称，其实包含着几层意思。一般分两层：一是指那些上层的统治者，一是指有道德有修养的人。据我想，这篇《伐檀》里指的是压迫、剥削、残害、掠夺百姓的人。多半是那些地位高的人吧。"

公孙丑一个劲地往下问道："这层意思弟子懂了。先生，我现在要问的是，我们到底算是君子吗？"

"你看呢？"

"我看是的。我们不是君子，难道就是小人了吗？不过，问题就在这里。我们既然是君子，又'不稼不穑'、'不狩不猎'，《诗经》里的这一篇骂的正是我们了。我们真要不当君子，就应该去种庄稼、去打猎才对啊！"

孟子说："也不能这么说，如果一个君子受到了国君的重用，他想出一套办法来治理这地方，使这个地方安宁，有教化，有秩序，富足起来，那么，他也不算是白吃饭。如果一位君子的道德修养影响、教育了许多人，帮助使社会风气好起来，他就干了一番大事业，这人也不能说算是白吃饭。"

公孙丑一拍自己的脑袋道："感谢先生，现在我懂了。我们要做的就是这种君子，而不是《伐檀》里所讽刺的那种君子。对不对？"

孟子道："孺子可教。你既然懂了，就努力去干吧。"

从这里看来，孟子在那个时候就这样深刻地教育弟子，搞清"虚"与"实"的区别，作为一位教育者，实在是难能可贵啊！

·名师出高徒·

卫夫人（272—349年），晋代著名女书法家，名铄，河东安邑（今山西夏县北）人。她是汝阴太守李矩的妻子，从小以大书法家钟繇为师，尽得真传。

这天她来拜见王旷，王旷不在，王夫人奉茶，陪她。

她见书房壁上贴着好几张字，出于自己的爱好，就踱步过去，见这些字结构章法虽然还稍稚拙，但已笔墨淋漓，秀逸飞舞。

她知道这绝对不会是王旷的字，问道："我熟悉王大人的书法，这字却是哪位所写？"

王夫人笑道："是小儿子王羲之的涂鸦之作，让大方之家见笑了。"

卫夫人大惊道："是令郎写的？有几岁了？"

王夫人道："7岁。怎么样？学得不对路吗？"

卫夫人道："哪里哪里，好得很。——不过，我有点信不过。夫人能让令郎出来写几个字我见识见识吗？"

王夫人道："求之不得，正需方家指点。羲之，羲之，你出来拜见卫夫人！"

王羲之听见母亲呼唤，出来拜见了卫夫人。

卫夫人道："孩子，这字是你写的吗？"

王羲之道："正是，还望卫夫人多多指点。"

卫夫人道："那就写几个字让我看看，怎么样？"

王羲之说了声"遵命"，取出纸张笔墨，在纸上刷刷写了起来。

卫夫人站在他的身后，越看越是心喜。卫夫人自名成之后，老想找个资质不错的学生，许久竟然见不着一个像样的，现在见到王羲之走笔清圆秀润，醇正雍雅，虽显稚嫩，但前途无量，如何不高兴？可惜这天王旷一直未曾回家，没有遇上，不便开口。

　　第二天，卫夫人特地找到太常王策，道："王策大人，老妇昨儿上王旷王大人家去，无意中见到了他儿子写的字。这孩子年纪虽小，用笔却老练深邃，极有出息，只怕要不了几年，将大大超过我辈。"

　　王策见她说得郑重，就将这话告诉了王旷，王旷立即将儿子送去拜她为师。在卫夫人的调教下，王羲之在书法上继往开来，成就卓著。他的字为历代所法，尤其是他的行书，没有人能够超过，世有"书圣"的美称。

·大王教小王·

王羲之（303—361年）是晋朝的大书法家，他的七个儿子中有五个也对书法的造诣很高，但是最为有名的是他的第七子王献之。

王献之（344—386年），字子敬，是简文帝的女婿，做过一段时间的官，他对书法各种体裁都很精通，行书与草书尤其擅长。他的草书豪迈奔放，对后世的影响尤大。存世的墨迹有《鸭头丸帖》、正书《洛神赋》（十三行）及连绵草帖札多种。史家将他与父亲合称为"二王"。

说到学习书法，他也不是一帆风顺的。孩提时代，王献之因为受到了家庭影响，见大家都在写字，他也写字。开始时他学得非常认真，甚至他父亲特地在他不注意的时候猛抽他手上的笔也抽不出来，事后他父亲赞扬说："爹是在试试你的握力如何，还可以，还可以。"

为此，父亲还特地为他写了一幅《乐毅论》，让他做范本，还给他讲了笔法和笔意。这以后，王献之果然兴趣大增，进步明显，但是好景不长，随后，他就自满起来了。

这天，他在书房里写了一幅字，觉得很够水平，得意洋洋地拿到父亲那里给他看，说："孩儿写了一幅字，还请父亲大人指点。"王羲之正在看书，接过纸来，细细看了一番，一言不发，只是提起笔来，在中间那个"大"字下，点了一点，成了一个"太"字。

王献之站在边上等待父亲的表扬，不料父亲再不说话，站了好一会儿，只好怏怏离开了。他心里想，父亲自以为自己是大书法家，总不把人家当一回事，太欺侮人了，我不如拿去给母亲看。

原来王献之的母亲也是一位书法家，她闺名叫郗璿，对于草书尤为擅长，其笔法古朴苍劲，人称"女中仙笔"。

她接到小儿子写的书法，仔细观察，好一会儿，才说："儿啊，你的字近来颇有进步，笔势纵横，妩媚有致，可是骨骼松散，笔力羸弱，若要有所成就，还得花费偌大力气。纵观通篇文字，就那个'太'字下面一点才显出你的功力。"

　　这一点正是父亲刚才所点，王献之到这时才明白自己的书法火候，还远不及父亲。他回到父亲那里，说道："刚才孩儿将这字拿去让母亲大人看了，她说通张大字，就父亲写的这一点好，可见孩儿书法上与父亲相差尚远。望父亲大人指点孩儿一条捷径。"

　　王羲之说："我的儿呀，捷径是没有的。天井里8只接天落水的大缸，我儿若能写完这几缸水的字，就功到自然成了。"

　　正确的方法加上勤学苦练，这本来就是走向成功的不二法门。王献之岂有不懂之理？这以后的许多年，王献之确实做到勤学苦练。到了二十几岁时，老脾气再次重现：他又狂傲起来。

　　父亲王羲之的好友谢安，看到这个苗头，还曾不客气地向他提出过，谦受益，满招损。只是王献之一时三刻哪里听得进去？他只道自己的书法，即使说没有超过父亲，至少也与他不差什么了。

　　这天，王羲之正在自家一堵白壁上写字，忽然朝廷使者前来催他进京，说有要事相商。王羲之不敢有误，丢下笔，上马走了。

　　王献之早想博得父亲的几句赞扬，见有这么一个机会，如何肯轻易放过？他用石灰水将父亲原来写的那些字一一涂抹干净，然后再将这几个字一一写在墙上。写完后，他的自我感觉特好，越看越觉得自己这手字劲峭凌厉，笔意淋漓。

　　王羲之办完公事回来，看见这字，还道是自己临走时写下的，叹气道："不料老夫年岁不大，字力已衰。大概是那天喝了几杯，以至胡乱涂鸦。来人！快将这些字给刷了，免得贻笑大方。"

　　一直在一旁想听父亲几句表扬的王献之，听了这些话，直如冷水浇头，呆立着半天回不过神来。他到这时才真正知道那句"谦受益，满招损"的意义。

　　从此他静下心来，奋力学习，这才终于成为一代书法大师。

·书童画家·

这是一幅观音的画像，画的正中赤脚站着一个身形苗条婀娜的仙女。只见她胖瘦适中，长短合度，脸上两道柳眉斜飞入鬓，一双秀目明若朗星，睫毛长有二分，像一泓秋水，光彩照人。整个体态意气灵秀高洁，气派清雅绝俗，神采飘逸，秀色夺人。这画栩栩如生，呼之欲出。叫人看了又敬又爱，成了士大夫们收藏的宝贝。

这是谁画的？画上题的名字是李伯时。嗬，这就难怪了，李伯时是宋代的名画家啊。

其实，这些观音的画像多出自李伯时的书童赵广之手。这说来还有一段故事呢。

原来赵广是安徽合肥人，从小因家贫卖给李伯时家当书童。赵广长得矮墩壮实，气度端凝，为人敦厚，平日里很少说话，但是不说则已，说起来倒也不失幽默风趣。平时他只为李伯时磨墨摊纸，洗笔裱画，干些书房下人常干的杂事。他看上去神情木讷，其实却聪颖过人。李伯时是个善画人物和马匹的大画家，每每作画，总要赵广站在一旁为他扶纸，久而久之，赵广竟也知道了作画的神魂所在，人物山水，已俱能笔势纵横，婉转如意。创作上也许还欠缺几分，可是就模仿而言，早已达到了乱真的程度。只是他的画是偷偷儿学的，所以李伯时虽然身为他的主人，也不知道他的书童已学得一手好画。

且说这天午睡一觉醒来，李伯时洗了脸漱了口，又慢慢儿踱到书房里来作画。每当中午休息时间，正是赵广偷着学画的大好时机。这天他画得入了迷，竟忘了时辰，待听到脚步声响，才猛然醒悟过来，想将自己画了一半的那幅观音像藏起已来不及，只好红了脸，站在一旁假装磨墨。

李伯时没有问他什么，只是随口问了一句："墨磨好了没有？"

赵广低声应道："已快磨好了。"

李伯时捋起衣袖，挑了一支笔，正要去取纸，突然看见画桌上摊着一张画了一半的观音像，挠挠头皮道："瞧我这记性，我只当上午已经画完了呢，不料还只画了一半！"

说着，就将笔饱蘸浓墨，就着这幅没有完工的画继续往下画。

赵广起先吓得满背的冷汗，生怕主人发现了会责骂，待看到主人将他的画错当成自己的画，这才将提在嗓子眼的一颗心放了下来，心里也不免暗暗得意。

自这以后，赵广的自信心又增加了几分，只要一有空，就偷偷儿画上几幅。时间一长，终于被李伯时发觉。

这天中午，赵广又在专心致志地画马，蓦地听见背后一个很平和的声音："你怎么用左手作画？——水墨画讲究的是天真老古，绝去雕饰，意到笔随，浑然天成。你尾巴上这一笔，笔势粗俗了点，未免有些许匠气。来，看我怎么画！"

赵广吃惊得左手一抖，"啪"的一声，笔都掉到了地上，转身见是主人，忙扑通跪倒，请求饶恕。

李伯时双手扶他起来，说："难得你小小一个书童，靠自己揣摩居然学到了这步田地，实在是不容易。将相本无种，男儿当自强。快起来，我喜欢敬佩都来不及，怎么会责怪于你？"随着李伯时不断的指点，这位书童终于成了一位大家。

如果当时李伯时不是耐心鼓励和指点，而是给他一顿叱骂，那么这个天才的画家可能就此在世界上消失了。这是一个值得人深思的奇迹。

·太元老和尚·

刘壹清，字惟性，清朝末年时安徽人，是当时有名的音乐家。他的老师是位方丈和尚，法名叫太元。

离刘壹清家不远有一座山名叫高峰山。山虽不高，景色却不错。

这天他闲来无事，去山寺游玩，突然遇雨，他见天色已晚，怕山路滑摔伤了，就在寺里借宿。

这天夜里，刘壹清正睡得香，忽然听见远处乐声悠扬，恰似昆岗凤鸣，深闺私语，听了使人回肠荡气。

他一向好琴，听得这声音正是琴声，演奏技巧高深莫测，心想我白活了20多年，从未听过这等高手弹奏，今天遇到岂可错过？我之迟迟未曾拜师，实因缺乏名师，今日真是天赐我也。

他连鞋子也没穿好，循声摸去，到了一处偏屋，发现琴声正是从这屋里传出来的。原来是这寺里的方丈太元在奏琴。他不敢打扰，立在外面静静地听。

第二天一早，刘壹清苦苦等到早课做完，尾随着方丈太元，来到了方丈室外，跪倒在地，求道："弟子刘壹清，从小喜好音乐，一直运气不佳，未遇名师指点。昨晚听得大师清音，犹如沙漠遇水，久旱遇霖，还望大师念弟子一片诚心，收下弟子。"

方丈道："施主请起，昨晚老衲一时心血来潮，胡乱弹拨几下，只是一般的庸琴俗乐，当不得真，远远不足为人师，请不要当一回事。"

刘壹清磕头道："小子虽然未曾学得音乐真谛，好坏还是能够辨别的。大师的弹奏如果是庸俗音乐，天下就再没有高雅的东西了。弟子久久寻觅高师未得，并不是一时性起，才求大师的。"

太元老和尚道："学音乐可不是三心二意就能学得的，你们年轻人，恐怕吃不了这个苦。"

刘壹清见他语气已转，连忙道："弟子决心已下，再苦再累也一定坚持到底。若是不按大师要求去做，大师就赶我下山好了。"

太元道："住在缺酒少油的寺里，就算你起初能忍耐几日，最终还是耐不得寂寞，我看你还是早早下山为好。"

刘壹清苦苦哀求，就是不肯起来。方丈见他心诚，就让他行了师徒之礼，收他为弟子。

方丈让他坐下后，语重心长地说道："其实学琴难的是懂得琴理。若是懂了琴理，弹起琴来就出神入化；要不，总是流入庸俗，不足为道。据愚师观察，贤徒天资聪颖，然生性浮躁好动，如要在琴上登堂入内，先得收心才是。等你收了心思，为师随时教你奏琴。你既住在寺中，每天恰似出家人一般，早课晚课次次不少，平日无事，就学打坐静心，如何？"

刘壹清道："弟子谨遵师命，不敢有误。"

就从这天开始，刘壹清过起了只有和尚尼姑才过的清苦日子来：睡的是薄被硬板，吃的是青菜淡饭，整日除了打坐还是打坐。一只面盆大小的蒲团，盘腿坐地，双手合十。

开头几天，他的凡念绮思纷至沓来，哪里抑制得住？好在他的意志甚坚，死命强迫自己静下心来。这样一两个月后，倒也能勉强做到勿嗔勿怪，心无窒碍。再三个月下来，已能做到禅心明澈、宽博有容。

这天深夜，刘壹清打坐完毕，睡下不久，猛然间梦里听得风雨大作。一时间乌云遮没了半边天，眼见雷雨即至。这时西北风一阵缓一阵急，瞬间就下起雨来，一阵大，一阵小，淅淅沥沥的。没多久，狂风横起，雷鸣电闪，山崩石散，树木摧倾。那大雨便似冰雹一般打将下来。

刘壹清睡下前明明看见室外风清月朗，怎么一会儿说下雨便下雨？他有点信不过自己的耳朵，跳起身来，怪了，清白的月光正满满儿洒进窗来。

推门一看，天啊，屋外月色如水。抬头看天，只见银盘似的月亮，正挂在碧蓝的天空中，月边连半丝淡云也没有。

刘壹清一连打了自己两下，道："我是怎么啦？打坐入静半年，不料绮念丝毫不去，反而招来了扰心邪魔？明明户外一片澄明，我却听得风雨满天？"

他泪流满面，跑到方丈室外，凄然跪下，道："师父师父，可怜弟子白白辛苦多日，竟然一无所进，反而为外魔困扰。难道弟子真不是块学琴的料吗？"

方丈似乎并未入睡，温和问道："贤徒看见什么了？"

刘壹清道："弟子梦中惊醒，耳边只听得风雨交加，天塌地崩一般，不料开门出去却是一片好月色。这不是邪魔又是什么？……学艺不成，枉花费师父许多心血，弟子真是该死！"

方丈出来，扶起他道："贤徒别急，这正是你学有所成的标志。实话告诉你，这风雨之声，正是为师所弹。刚才愚师奏的琴声，幽细如丝，若是一般俗人，则恰如无声；但在学有所成者听来，犹如狂风暴雨。你看其他小和尚个个睡得酣熟无比，惟独你能声声入耳，若闻惊雷，这正说明你已收心怡性，可以学音乐了。"

刘壹清转悲为喜，起来拜谢了师父。从此太元大师开始传授刘壹清琴技，不出两年，刘壹清已学到炉火纯青的地步，成为一个出类拔萃的音乐大师。

·营救进步学生·

马相伯（1840—1939年），江苏丹阳人，年轻时曾经担任过中学校长等职，后来参加洋务运动，奉命去日本考察，回国后曾多次向清朝政府提出富国强兵的建议，均没有被采纳，心灰意冷之余，走上了教育救国之路。他尽其所有，创办起了震旦学院、复旦公学，是上海赫赫有名的教育家。

他平日里急公好义，只要人家用得着他，他总会鼎力相助。因此不少人有了急事第一个想到的总是他。

这年他已64岁，晚饭后，夫人要他洗一下手脸，然后捧了一杯茶给他，并递上报纸。马相伯刚刚拿起报纸，只见门口进来两个人。走在前面的是常来他家的学生，后者是一位陌生青年，却有几分躲躲闪闪。只见他缩在那位学生的背后，一顶帽子压得低而又低，一直盖住了眉毛，甚至头也不敢抬起来。瞧那模样也是20来岁年纪。

那学生见了马老，一股子欲言又止的样子，几次想说又不敢说。

马老站了起来道："你今天找我准有事儿。既然来了我就要感谢你对我的信任。先告诉我，晚饭吃过了没有？剩饭剩菜休嫌，吃点便饭如何？"

那学生道："是，是，我们这个，这个，好的好的……""在我们马校长家里不必客气，先吃饭怎么样？"他转过身对那青年说。

那青年怯怯地点了点头。

马校长一看神色就知道，后面那位青年定有什么要紧事儿要他帮忙，他对夫人使了一个眼色，说："客堂里人多事杂，我们不如请他们去我书房里吃饭如何？麻烦你把菜饭送进那里去。"

那两个青年果然已经饿了不止一餐，看见马老盛情招待，也不客气，端起饭碗，先各自狼吞虎咽地吃了三大碗。

等到饭后净手以后，那同学老实相告："学生犹豫再三，怕给校长沾上麻烦。这位是于右任，陕西泾阳人。"

于右任重新站了起来，恭恭敬敬向马老行了礼，一脸的不好意思。

马老责怪道："别说客套话，你既然来了就是信得过我。看我能帮上什么忙。——且慢，你说他是于什么？"

那同学道："于右任。左右的右，任重道远的任。"

"啊，我记起来了，写过一本《半哭半笑楼诗钞》的那一位？"

"就是就是，"那同学道，"他就是因为这诗集闯的祸。"

于右任诚惶诚恐地又一次站了起来，讷讷道："小子乱写一气，让马老见笑了。"

马相伯道："你这是哪里的话？写得极好。就因为其中有些对朝廷的嘲讽之语，朝廷这才下令要抓你是不是？海捕公文还是我从《申报》上看来的呢。好小子，果然有胆量！你们是要我帮你暂躲一时是不是？"

于右任结结巴巴地说："一切听马校长吩咐，吃苦小子是吃得起的。"

马相伯与于右任谈了几句，发现他谈吐不俗，身怀奇才，就让他先以图书馆助手的身份住了下来，再让他换了一套当地青年穿的衣服，免得惹人注目，让他少开口说话，免得他露出陕西人的口音来。

后来又为他取了一个名叫"刘学裕"，让他当起了复旦公学的免费插班生来。马老怕于右任一时间不习惯，还时不时地带些家制菜肴去探望他。

这位当时才25岁的青年于右任，后来成了国民党元老，是辛亥革命的先驱，一生追随伟大的民主革命先行者孙中山先生。

·阴差阳错·

　　康有为（1858—1927年），近代资产阶级改良运动首领，也是位教育家。他原名祖诒，字广厦，号长素，又号更牲，广东南海人。

　　1888年，康有为还是个区区秀才，他就上书要求变法。当然他的话谁会理睬？当时他感到很绝望，转而一想，自己人微言轻，也难怪皇帝大臣们不拿他当回事，于是他就想建立学校，自己来培养维新变法人才。

　　回到广州以后，康有为建了一所万木草堂，用变法指导教育，用教育辅助变法。当时康有为把教育内容定位在德、智、体三个方面，以"风声、雨声、读书声，声声入耳；家事、国事、天下事，事事关心"来要求所有的学生。他亲自在课堂上给学生讲解学术渊源、历史上的得失、政治沿革等，还给学生讲解世界各国的兴衰，以便让大伙探讨中国可以用以借鉴的地方。

　　康有为对在万木草堂里就学的学生说："你们要看书，就直接上我这里来借好了，只是得登个记，有借有还，并且得好好儿看，我不时要向大家提出问题，问书中的内容的。"当时真正的好书难以到手，尤其是有关变法改革的书更是不可多得，于是大家就一窝蜂地上他书房里去借，因为要登记，有时还得排队呢。

　　这时梁启超在这群学生中已是鹤立鸡群，康有为早已看上了，有意要培养他，一天放学，康有为对梁启超道："你年纪虽轻，却是前途无量，小小年纪竟有这般学识、见解，写得出这般好文章，很是了不起。我写有一点东西，很不成熟，你先读着，读完了给我提提意见。只是有一点，只能你一个人看，不得对外人泄漏半点。"

梁启超见老师这般信任，这般夸奖，很是兴奋，跟了康有为去取书。到手的却是一大沓书稿，一看第一页，上面写着《大同书》三个大字。这本书就是康有为所主张的改革维新的基本思想。当时它属于反动主张，不得外传，否则麻烦无穷。

梁启超看得手舞足蹈，兴奋至极，还真的提出了不少好意见呢。之后，梁启超就成了万木草堂里的"学长"，协助康有为教学和管理学校。

由于康有为全身心的投入，梁启超鼎力相助，万木草堂规模越来越大，学生的人数越来越多，康有为的维新思想也日渐成熟，在广州维新思想也大得人心。

1895年，康有为觉得时机成熟，就与梁启超一起北上，在京师掀起了一个"公车上书"运动。与此同时，康有为与梁启超师生俩都去考进士。他们想考取了进士可以当官，渐渐成了大官，就可以直接影响皇帝了，于是朝廷就可以按他们的意志搞"维新运动"。

这次考试的主考是老顽固徐桐，他因为康有为搞了公车上书，闹得他头昏脑涨，一直耿耿于怀。一天，他把所有阅卷考官全部叫了去，对他们道：

"各位与我听着，凡是广东籍的考生而又颇有才气的，准是康有为无疑，你们及早与我早早刷下了，免得送上去到了皇上手里多是麻烦。谁若不小心录取了他，以后当心老夫不给你面子。"

众考官哪敢怠慢？个个看试卷内容前，先看卷面外的地区，一遇上"广东"二字，便打起万分精神，别将康有为误打误撞录取了进去。

这天，有位考官果然见到一份才华横溢的文章。他看一句，摇一摇头，瞧它笔势雄放、郁勃磊落、逸气纵横、一字一珠的模样，实在爱不释手。只是想来必定是康有为的，只好忍痛割爱。岂料阴差阳错，刷掉的竟是梁启超，而康有为则取了第五名。

·木匠出身的齐白石·

齐白石（1864—1957年），现代书画家、篆刻家，美术教育家，国际和平奖金获得者，湖南湘潭人。齐白石早年曾做木工，后结交当地文人，开始学画，学书法，学篆刻。经过数十年的潜心学习、揣摩，加上自己的勤奋、天才，齐白石成为我国近代的一代大家。

1952年，作家老舍去他家拜访，这时齐白石已是88岁高龄。他见老朋友来，高兴得很，拉着他的手，与他谈个没完。

老舍道："齐老，近来你还每天作画？"

齐老道："年岁大了，刻印嘛，眼睛是不行了；不过画画写字嘛，总还每天涂涂抹抹地来它几张，也是别让手生罢了。"

老舍眨眨眼道："齐老若有兴致，请为我画一幅如何？"

齐白石道："哈哈，你刚才一开口，我就知道你醉翁之意不在酒。你是想考考我老头子是不是？你倒说出来听听。"

老舍道："这里有一句诗，叫做'蛙声十里出山泉'。就以此为题，还请齐老画上一幅如何？"

齐白石想了一想，道："你是给我出难题来了。蛙声十里，是听出来的，画是画耳朵听不见，需要看的。你是要我将听转到看上来。好，好，好，果然是个好题目。那这样吧，老夫今年已经八十八岁，再做一回童生，上回考场，至于考不考得出，那只好听天由命了。"

老舍道："容易的题目还来考你什么？好吧，我过几天再来，真画不出来别强画，伤了身子可不是玩的。"

一个星期后，白石老人交出一幅四尺多长的立轴。挂起来一看，画面上只有山涧乱石，一道急流打乱石中涌出，直泻而下。水中几只鲜蹦乱蹿的蝌蚪儿，扭动着圆圆的身子，甩动着小尾巴娓娓而游。远处远山寥寥几笔。这乱石、急流、蝌蚪、远山，浑为一体，十分和谐。

画面上虽然看不见半只青蛙，但已让人隐隐听到一片聒噪的蛙声。老舍看了，拍手道："亏得老先生想得好，果然构思独特！好个'蛙声十里出山泉'啊！"

齐白石更让人钦佩的是他的民族气节。1937年，日本帝国主义侵占了北平。学校给他拉了一点煤来。齐白石宁愿全家受冻也不受伪政府的施舍，毅然决然退了回去。

因为他是一个有名的书画家，总有一些附庸风雅的日本侵略者与当地伪职人员，前来纠缠，想从他的手里挖几幅书画去。齐白石干脆在自己门上贴了一个告白：

中外官长要买白石画者，用代表人可以，不必亲驾到门。从来官不入民家，官入民家，主人不利。谨此告知，恕不接见。

他在《螃蟹》一幅画中，题了一句古诗："看你横行到几时？"借此影射日本侵略者，坚信中国人民一定能赶跑敌人。他还在这一时期画过一个涂着白鼻子头戴乌纱帽的玩具不倒翁，并题上这样的话：

乌纱白扇俨然官，

不倒原来泥半团，

将汝忽然来打破，

浑身何处有心肝！

这幅画分明是画那些卖国求荣的狗官汉奸，并将他们骂了个狗血喷头。

白石老人的画和他的民族气节一样，都是中华民族的宝贵财富。

·师生易画·

　　齐白石对艺术的追求严肃认真，对学生的要求也很严格。有一次上课，两个学生在课堂上不好好听课，互抛纸球，打打闹闹，他就愤然离开了教室，直到那两个学生去向他道歉，他才回来。

　　但是对于勤奋学习、成绩斐然的学生他又着力培养，想方设法地为他树立信心。

　　有一次，一位名叫谢时尼的同学将自己画的一张国画《梅鸡》交了上来。画面上是几棵百年以上的老梅树，其中一棵梅树上高高站着一只雄鸡。只见那鸡雄冠突起，眼神炯炯，且银嘴铁脚，毛色灿然，煞是美丽。

　　这么一个初学画的学生，居然画得这么出色，齐白石边看边称赞道："不错，不错，太有味道了！"

　　齐老师一向为人严谨，除非真的好，一般他很少大声称赞。这一声惊叹引来了全班同学。他们哄上来看，也都赞不绝口。

　　齐白石道："嗯，谢时尼，你的这张画真的不错，要我，我也构思不出来。你能不能借我回去临摹一张？"

　　谢时尼涨红了脸，道："老师不兴取笑人。一幅学生习作，哪里放得进老师的法眼？"

　　齐白石正色道："我才不跟你开玩笑呢。真的真的，我是想临摹一幅。"

　　众同学见齐老师说得认真，个个半信半疑。

　　谢时尼忸怩了好一会儿，红着脸说："老师要带回家给我好好批阅，学生当然求之不得。"

　　事后同学们议论纷纷，有的说这是齐白石老师故意这么说的，哪会真的去临摹？只是借此表扬表扬谢时尼罢了；有的说这是齐老师自己也拿不定主意，想借此拿去给别的老师一起参照参照，看谢时尼的画到底有没有上路。但是总没有一个人以为齐老师真的要去临摹学生的作品。因为天下只有低者临摹高者，绝无高者临摹低者的。

　　且说齐白石将学生这画带回家来，重新细细看了一遍。他认认真真地临摹起来，在临摹中，不忘顺便修改了那几笔稚嫩之处。这幅临摹他一直画到深夜才画成，而一般画画，齐白石何需这么许多时间？

　　第二天，齐白石老师带了自己的画与谢时尼的原作，到学校里来了。

　　上课时，他还是不动声色地讲自己的课，那几个长记性的同学早已在下面等待他如何处置谢时尼那幅画了。

　　下课时间到了，齐老师刚刚宣布下课，一个等不及的同学就冲了上去问："齐教授，齐教授，谢时尼的那幅画……"

　　齐白石笑了起来，道："是啊，我差点儿忘了。大家来看看，我已临摹好了，你们看怎么样？"

　　这下，引起了大家的兴趣，大伙儿一下哄到了讲台面前。

　　齐白石从他那从不离身的一只布袋里小心翼翼取出一个讲义夹来，翻开，将两张画并排搁在讲台上。

　　哇，真的一模一样啊！当然稍稍仔细看，就看出来了，齐老师的那幅老辣多了。

　　齐老师很诚恳地说："这样吧，咱们交换一张，你的画送给我，我的画送给你，好不好？"

　　谢时尼高兴得大叫一声，从同学们羡慕的目光中将齐老的画接过去，从此，他学画更加勤奋，画技大进。齐白石就是这样培养学生自信心的。

·沙炒豆与护腿坛·

浙江绍兴城关镇的北面，有一条深深的里弄，名叫笔飞弄。其中13号的台门就是蔡元培的故居。

蔡元培（1868—1940年），字鹤卿，号孑民，浙江绍兴人，我国著名教育家。他任过北京大学校长。他曾修改学制，提倡男女同校，废止读经等，为我国教育的发展起过很大的促进作用。

蔡元培从小安静谦和，他家的屋子相当大，只是家里的楼梯又高又陡，连个拐弯的地方都没有，万一失足，那人就会"骨碌碌"一口气滚到楼下。这类事情发生过好几起，吓得大人上下楼都要牢牢地抓住扶手，所以大人们下了一条死规矩，不准6岁以下的小孩子独自一个上楼下楼，谁若犯了这一条，非打屁股不可。

这天小蔡元培同大人一起上楼去，同去的还有一个孩子。玩了会儿，那个孩子吵着要先走，于是就由大人扶着下楼去了。下楼后，正好有一个客人来家，大人应酬客人，也就忘了蔡元培还留在楼上。

一直等到送走了客人，大人猛地记起来："啊呀不好，我把阿培留在楼上忘了，他千万不要等不及了自己下来，这可要闯大祸啊！"

他一下跳起来，三步并作两步赶上楼去，边跑边喊："阿培！阿培！你……你在哪里？"

赶到楼梯头抬头一看，看见小元培安安静静坐在楼梯口，独自一个等待大人来接他下去。要知道，这一等可等了足足三个小时啊，而他那时才4岁呢。

5岁那年，小蔡元培进入私塾读书。先生教他识字写字，还天天把着他的小手让他描红字，等他熟练了，再让他自己写。

那时读书，要学对对子，先生说"天"，学生就说"地"。有一次先生说"桃红"，小蔡元培对"柳绿"，还真博得先生好一阵的称赞呢。

当时，任何课文都要背诵，要背诵首先得多读课文，但是读课文是件多么枯燥的事情啊。小蔡元培就想出了一个好方法：每读一遍就奖励自己一粒沙炒豆。他将大人给他当点心的沙炒豆藏起来不吃，到了背书的时候就取出放在桌子上。

"子在川上曰：'逝者如斯夫，不舍昼夜。'子曰：'吾未见好德如好色者也。'子曰：'譬如为山，未成一篑，止，吾止也。譬如平地，虽覆一篑，进，吾往也。'"

"好了，又一遍！"他拿起一粒沙炒豆丢进自己的嘴巴里。

这样一小堆豆子还未吃完，他该背的那段《论语》就已经会背了。

"嗯，背的书，真像豆子一样的香呢。"他说。

小蔡元培读书非常刻苦，绍兴是水乡，蚊子多得很，每每夜间读书，该死的蚊子就在他的周围"嗡嗡嗡"叫个没完，还一个劲地欺侮小孩子，往往一个晚上下来，两条腿被它们叮得像玉米棒子一般。蔡元培被它们骚扰不过，想出了一条妙计：每逢夜间读书，他就取两只空的酒坛子来，将自己的两条腿塞进坛子里去，让蚊子拿他没有办法。从此以后，他在夏天夜间读书就有了"护腿坛"。

当然啰，在有空的时候，他也偷偷儿念些《战国策》和《三国演义》，因为百年前的小学生，念的都是八股文，要多枯燥有多枯燥。

有一次，家里失了火，小蔡元培独自一个在楼上读书。家里人吓得大呼小叫着让他下来，一直不见他下来。他们冲了上去，发现他竟摇头晃脑地念得津津有味呢。原来他见火势不大，楼下大人都在救火，估计不会有事儿，所以也就依旧念自己的书了。

·绝不含糊与宽宏大度·

蔡元培先生待人和蔼，对人有求必应，相信别人，同时更尊重别人的意见；不了解他的人，以为他是"好好先生"，其实，他一生待人处事绝不含糊，很有原则。

33岁时，他看到戊戌政变失败，不屑和清廷官僚为伍请假离京。他担任中西学堂监督时，又因袒护新派而和旧派意见不合而辞职。

35岁时，他任教于南洋公学，也因校方无理开除学生，调解无效，愤而离去。

1911年夏天，袁世凯排挤国民党，他不满袁世凯的枭雄作风，又和国民党阁员同进退，后来便辞去了教育总长一职；袁世凯慰留他，他不顾；别人挽劝，也无效。

"五四"之后，继以"六三"，北洋政府滥捕学生，他虽认为学生有的盲目过热，但他了解学生爱国的出发点，因而不惜以辞职作为保释学生的条件；学生既获保释，他便实践辞职的诺言。

1923年间，北方军阀交战，他不满军阀的作风，知道和他们难以共处，因而辞职赴欧。

从上述事情看来，可知蔡先生对于一己的名利荣辱和成败得失，完全置之度外；对于是非邪正的辨别，则非常严格认真。

1935年，汪精卫负责行政院兼外交部长，已有亲日的表现，蔡先生曾义正辞严、声泪俱下地予以劝阻，其耿介真诚的人格，更加表露无遗。

但是蔡先生对个人却非常宽宏大度。别人如有长处，他总是公开赞扬；别人如有过错，他总肯原谅。

大约是在1924年，蔡元培先生第二次去德国时，在柏林的几个学生自告奋勇去照料先生。那些个男学生，粗手大脚的，办起事来，经常是稀里糊涂，一团糟。后来，他们个个回想起来还觉得非常惭愧，但蔡先生总是笑嘻嘻、乐呵呵的，从来没有责备过他们。

　　有一次，一个同学给蔡先生发了一个电报，说要从莱比锡来看蔡先生。

　　这位同学性情荒谬是出名的，遇到什么人都一面痛骂，一面要钱。大伙合计，他此行是无事不登三宝殿，十之八九是来要钱的，而蔡先生现在正值困境，所以大伙主张去电谢绝他，让他好自为之。蔡元培先生知道后沉吟一下道："记得《论语》上有这么几句话："与其进也，不与其退也，唯何甚？人洁己以进，与其洁也，不保其往也。'你们说他这人无聊，但这样拒人于千里之外，他能改了他的无聊吗？不如我们共同帮他改变。"

　　《论语》上确实有那么一件事，互乡这个地方的人，不知怎么的，十分难以相处，弄得大家都只好对互乡人敬而远之。有一次互乡的一个孩子得到了孔子的接见，他的弟子们对这事很是疑惑。孔子看出来了，就说了蔡元培先生引述的那几句话。意思是：我们肯定他的进步，不是肯定他的退步。做人嘛，何必做得太过分呢？别人将自己收拾得干干净净地而来，便应当称赞他的干净，不要死记住他以往的肮脏。

　　蔡元培这么一说，倒弄得几个同学都难为情起来了。这里也看得出蔡先生的为人。

·蔡元培的娶妻条件·

　　蔡元培是我国著名的教育家，他在教育事业上的成就，连毛主席也赞不绝口。他不仅在教育事业上有新的观念，平日的生活观念也是非常新的，从下面的一件事上就可以看出来。

　　1900年，他的妻子王昭谢世。王昭去世后，朋友们多次劝蔡元培续娶，并几次想为他做媒。起先蔡元培不答应，后来被他们劝不过，就笑着说："多谢各位的劝导，要我再婚也可以，但是对象得符合我提出的5个条件。"

　　朋友们笑了起来："好说好说，条件总是要有的。且说来听听。" 蔡元培道："第一，要是天足的。" 天足就是没缠过脚的。当时，不论城里乡下，只要是女孩，出生至五六岁，脚就被用长布条绑起来，据说是为了美，其实是剥夺女性的劳动能力，残害女性。

　　朋友们道："眼下的大户人家，天足的姑娘怕已不多，惟有开明人家或许还有个把。且说第二个条件。"

　　"第二是要认识字的。这个不难吧？第三是男子不得娶妾。"

　　朋友们又笑了起来："讨不讨小老婆是你的事，关你妻子什么事？这不能算条件。且说第四。"

　　蔡元培道："第四是夫妻不和时，可以解约。"

　　朋友们不笑了："妻子不满意你要求解除婚约，这是挺文明的；但是你若朝三幕四起来，看上了别的姑娘，拿出这一条来，那姑娘岂不是亏到底了？"

　　蔡元培正色道："我是这种人吗？但是如果真的发现谈不拢，强拉在一起，实在是受苦受难，这条必不可少。第五，夫死后，妻可以再嫁。"

朋友们又笑了："开明开明！我们看你一下子死不了，以后再说吧。"

于是朋友们四处为蔡元培物色妻子，只是第一第二两条，已经难倒了许多户人家的姑娘。那个时候强调女子无才便是德，目光短浅的又以为姑娘迟早是人家的人，多不给读书；不缠脚的又少而又少。第四条让不少人家心里不安，都说万一蔡家少爷以此为借口平白休了妻子怎么办？这费了朋友们不少口舌。

然而天无绝人之路，后来朋友们还是在绍兴都昌坊口黄尔轩黄家找到了一位姑娘。她是黄先生的二女儿，闺名叫黄世振，名字中有几分男孩子的味道。

那天蔡元培正好与一位姓童的朋友去临安，后来来到了余杭。到时已经是天暗了。童先生说他认识一位友人，是余杭的一个局长，名叫叶祖乡，可以在他家里投宿。

叶先生果然是位落落大方的人，当晚就办了一桌酒菜为他们接风。晚餐后，叶先生领了蔡元培看他家客厅里挂着的许多工笔画，一幅幅、一张张，相当多。看看落款，居然都是"黄世振"。

叶先生道："说来蔡先生不一定相信，这些画都是我的一位朋友黄尔轩的女儿画的。"

竟有这样碰巧的事？童先生正在身后，听到了道："说来有趣，咱们的蔡先生正想向黄小姐求婚呢。"

叶先生道："那，太好了，我来做大媒，好不好？"

有叶先生做媒，一说就成了，1901年11月22日，蔡元培与黄世振小姐结婚了，婚后果然两人如鱼得水，非常美满。

·归鹤轩·

  这里不是玉栏朱楯，互相连属，回环四合，曲屋自通的富家高楼；这里也不是白板为门，竹篱绕舍，屋旁菜畦，屋后水田的农家茅屋。这里只是平屋三间，环着三间平屋的，都是古柳高槐、石榴、桃李、红杏之类，杂花生树，红白相间。现在，屋子里正传出古琴的声音来。如果你抬起头来，就可以看到屋子的门框上，钉有一块不大的匾牌，上面大书"归鹤轩"三个大字。

  这屋子的主人名叫沈心工（1870—1947年），上海人。在他20岁的时候，中国当时虽还处在封建社会，但已经有了新式学校，废除科举制度的口号也已有人提了出来。但他还是考取了秀才。只是他对考举做官这一套并没有兴趣。就在他27岁那年，他考进了南洋公学（即上海交通大学前身）。他选择的是师范班。也就是说，就在这时，他已立志教育了。

  南洋公学毕业以后，沈心工自费留学日本，去考察日本师范教育的状况。他发现日本的音乐教育十分发达，决定回国，探索开创中国自己的音乐教育。

  1903年，沈心工回到了上海，立即在南洋公学的附属小学里担任了音乐老师。这在中国还是第一次开设音乐课。而他，也是第一位音乐教师。他在那里任教30年，1911年起，出任该校校长达24年之久，为我国音乐教育事业打下了基础。

  大家知道，中国音乐的记谱，是"工尺谱"。中国音乐虽然源远流长，但记谱的方式不科学。西洋人发明了五线谱，用五条线记录乐谱，虽然略嫌繁琐，但是直观准确；日本人取巧，用阿拉伯数字和点、线来替代（即我们所称的简谱）。我们中国则用一类记音的符号记录，其中首用"工"、"尺"一类的字，故称"工尺谱"。中国崇尚五声音阶，西洋人用的则是七音音阶。

沈心工决心要修改学生难学的"工尺谱"，他以取人之长的态度，毅然用简谱替代"工尺谱"，并且创造性地用"独览梅花扫腊雪"让学生记住音阶上的1、2、3、4、5、6、7七个音。这让学生们产生了浓厚的兴趣。他亲自动手，编辑了《学校唱歌集》，这是我国最早的唱歌课教材。

开始时，沈心工一味认为中国的音乐太过落后，虽然他年轻时非常喜欢中国古典音乐，自己也弹得一手好古琴，但还是将家传的古琴转让给了别人。随着教学工作的深入，他越来越觉得自己的无知，因为中国的音乐是十分渊博的。这下他就后悔自己转让家传古琴一事了。

有好些日子，他常常为了自己的浅陋而失眠，他自己骂自己："想不到我会这样的无知和浅薄，见到西洋东洋那些音乐上的成就，竟然轻易否定自己的传统文化。连家传的那么一张好古琴，也被我这个不肖子孙转让了出去。这叫我如何到九泉之下去见我的先辈？"

于是，他下定决心，不惜代价要将自己家传的古琴赎回来。

他首先打听那位不知名的古琴买家，请同学、朋友一起帮助他。大家倒也热心，凡听说什么地方有古琴，就马上告诉沈心工。

经过无数次的碰壁、错认和误会，老天不负有心人，半年后的一天，终于找到了那位买琴人。沈心工对他说："说出来不好意思，但是事不得已，我以最最卑微的身份恳求先生，能不能将我过去转让给你的古琴，再让给我。价格由先生自开。"

幸好古琴的拥有者原不是喜好古琴，只是拿它当件古董收藏的，又见沈心工心诚，就高高地开了一个价。沈心工没有还价，慷慨出钱收了回来。

于是才有"归鹤轩"，才有文章开头的那段乐声。"鹤"当然指的是古琴。

·立煞马屁风·

　　这是抗日战争时期，已经迁到安溪的集美学校正在开全校师生大会。这所集美学校正是由我国著名教育家、爱国华侨陈嘉庚先生（1874—1961年）创办的。因为他用毕生的积蓄为祖国做了许多好事：创办学校，兴建铁路，支持抗日战争，新中国成立后支持社会主义建设，从而赢得了全国人民的爱戴。

　　这天，陈嘉庚先生被请到学校来作报告。当陈先生跨进会场时，受到了全校师生热烈欢迎，这是发自内心的欢迎，但是接下去情况就变了。

　　主持会议的是学校训育主任，他是位深谙为官之道的人。会议开始，训育主任上台先讲几句。他踮着脚尖，慷慨激昂地说："亲爱的老师们，亲爱的同学们，今天，我们万分荣幸地请到了我校的创办人陈嘉庚先生——"

　　最后五个字刚一落，他立即"啪"的一声，来了个立正，同时他的手暗暗一招，于是全校师生马上全体起立，"啪"的一声，也来了个立正，以示对陈嘉庚先生的尊敬。这是国民党时代的产物，那时讲究个人崇拜，每每说话中提到了什么认为应该崇拜的人，到场人员一律得起立。尤其是对于所谓"蒋介石蒋中正蒋总统"之类的字眼更是如此。于是这位训育主任也在陈嘉庚先生身上来这一套。

　　"陈嘉庚先生——"他继续往下讲。又是"啪"的一声，来了个立正！

　　"……一辈子苦干，赚钱办学，都是为了要我们成为国家的栋梁，他是我们的校主，我们要坚定不移地学习嘉庚风！这样，我们才能报答陈嘉庚先生对我们的恩情的万一……"

他滔滔不绝,说个没完,而且每说到"陈嘉庚先生"一句,就要求在场所有人都站起来一次。这样的站起坐下,弄得会场不像会场,十分滑稽,也让全校师生很是反感,都露出一副无可奈何的样子。

训育主任的话讲到一半,陈嘉庚先生突然站了起来,大声说道:"慢,慢,请暂时停一停!各位!各位!能不能让我先说几句?"

那个训育主任呆在一边,愣了几秒钟后,忙说:"请!请!"

陈嘉庚先生大踏步上了台,正色道:"同学们,老师们,你们有没有数?刚才你们因为听到'陈嘉庚'三个字而站起来了几次?我是数了,已经站了12次了。大家说,这叫什么?是对我个人的尊敬吗?不对!这叫拍马屁!不折不扣的拍马屁!什么校主,什么嘉庚风,都不是,这叫马屁风!刚才训育主任有几句话说得不错,我确实苦干了一辈子,赚钱办学,但这是要各位去做一个有学问的老实人,不是要各位去学会拍马屁的!"

他一点也不给训育主任情面,最后说:"学校,是学习知识的场所,是个神圣的地方,绝不是官场,以后请少来这一套,要做官,请到外面去做吧!"话音一落,全场掌声雷动,经久不息。

这位精通拍马屁的训育主任被晾在一边,就恨地上少个洞,可以让他一头钻进去躲起来。

·"吝啬的"陈嘉庚·

　　陈嘉庚先生是我国著名的华侨，是位亿万富翁，他的一生中，捐献给我国教育事业的钱就多达1.5亿元。他创办的集美学校70多年来培养出5万多名受过中等教育以上的人才；厦门大学创办60多年来，培养了2万多名高等专业人才。他是"华侨爱国爱乡热心教育事业的楷模"。

　　可就是他这样的一位富翁，个人生活的俭朴，却达到了令人吃惊的程度。

　　新中国成立的时候，他已76岁高龄，见到祖国得以新生，就毅然回国定居。他是福建省同安人。同安是一个半岛，晚年，他就住在家乡。

　　走进他的房间，人们可以看到，他睡的是一张旧木床，床上挂的蚊帐补丁叠着补丁。办公桌也是旧的，桌上竟然是一个破茶杯做的蜡烛台。请客人坐的是一大一小一对沙发，而且破旧得不成样子。他的换洗衣服全放在一对旧皮箱里，如果打开它们来，就可以看到，里面的件件衣服都是旧的。

　　他规定每天的伙食费不得超过0.5元钱，虽说在20世纪50年代的钱不能与眼下的钱比，可是，这也是一般老百姓的生活水平啊。最可敬的是他规定客人来了只许家里人奉上清茶一杯，就此而已，任何客人不得例外。他得将钱积蓄起来办学呢。

　　这天乡里的干部告诉他，说陈毅元帅要来探望他。他听了非常高兴，几次踱出门去，巴巴儿望他早些到来。这是因为他很早时就去过延安，见到过毛泽东、朱德、周恩来等领导人，陈毅与他互有往来，更是老朋友了。

终于，陈毅元帅穿着一身便服风尘仆仆地来了，两个人当时都很激动，双手互握，一时间也不知道从何说起。陈老让陈毅元帅坐在那张破旧的小沙发上，自己则将椅子挪过去，坐在他的跟前，两位老朋友就这样互握着手，攀谈起来。

当时的家门口已经挤满了许多老乡，男女老少都有，里三层外三层的。乡干部想赶又怕陈老与陈元帅生气，只是拼命地打手势，让他们千万不可拥挤，不可发出声音来，妨碍了两位老朋友的交谈。

他的家里人见来了贵客，如何不高兴？仔细打量着这位立下赫赫战功的开国元勋。

倒有人记起来："怎么不给贵客倒茶送点心？"于是年轻的几个才猛地记起来，手忙脚乱地泡茶、寻找家里有的点心。

谁知陈嘉庚家一向生活清苦，家里从来不置点心，几个人面面相觑，谁也拿不下这个主意：不拿点点心出去吧？人家是开国元勋，大元帅，陈家是有名的有钱人家，就算元帅不稀罕这点小东西，陈家总得有个颜面吧；说去买点点心来吧，等会儿陈老会不会不高兴？他曾有言在先：任何人来都只清茶一杯也就是了，千万不要另置茶点。

最后大家商量：陈元帅怕就来这一回吧？不要弄得被乡里人背后说闲话。于是，匆忙去向小店里买了点水果糖来，二十来粒，散散地摊在一只盘子里，与一杯茶一起端了上去。

陈毅元帅没有吃他们下了大决心买来的糖果，连茶也似乎只浅浅地喝了几口：他们有说不完的话呢。

陈元帅一走，陈老一直送了出去，回来才看见小桌子上的水果糖。

陈老皱起了眉头："这是怎么一回事？水果糖是哪来的？"

家里人讷讷地说："一辈子难得有国家元帅来一回，一杯清茶让大家看了不会太寒碜了点？"陈嘉庚老先生生气了："虽说陈元帅是国家领导人，但毕竟是我的好朋友，是自己人，难道还在乎有没有水果糖？"

·教育"不倒翁"·

　　知道有中国的，／便知道有个南开。／……天下谁人不知，／南开有个张校长。

　　以上是我国著名作家老舍和曹禺，1940年在美国合写的诗中的几句。

　　张校长是谁？他就是张伯苓（1876—1951年），他花了50年的时间先后创办了南开中学、南开大学、南开小学，为我国教育事业立下了不可磨灭的功勋。

　　1934年，抗日战争前夕，旧中国在日本帝国主义的虎视眈眈之下。10月，华北运动会在天津召开，张伯苓作为总裁判长，坐在主席台上，他创办的南开大学有280名学生正坐在主席台的对面，学生们用紫、白两色的布旗，组成了两幅标语：毋忘国耻，收复失地。他们在同学的指挥下，唱起了悲壮的爱国歌曲：

　　众英儿，精神焕发，时时不忘山河碎……

　　南开的学生所以有这样的爱国精神，都是张校长平时谆谆教导的结果。老百姓痛恨当时政府的卖国无能，含着热泪，一齐鼓起掌来，引得同坐在主席台上的日本领事提出了抗议。而张校长哪里怕帝国主义分子的威胁？他回去后鼓励学生："做得对，做得好，下次还得这样干！"

　　由此，日本帝国主义将南开看做了眼中钉、肉中刺，十分的仇视。时不时地派遣一些地痞流氓，到学校里去捣乱，但在师生共同的抵制下，他们想搞破坏的目的没有得逞。

　　"七七"事变后，日本侵略军大举进攻天津。一攻进天津，他们就用大炮轰击南开的图书馆。"嘭！嘭！"一阵大炮响过，图书馆火焰四起。更可恶的是几百名日本野蛮军人，拉来了一桶桶汽油，倒洒在学校的角角落落，然后，朝着汽油开枪。立刻，火焰浓烟冲霄直上，爆炸之声响成一片，仿佛山摇地动。在一声声震天巨响中，教学楼坍塌下来。

眼看着一座由张校长千辛万苦创办起来的学校毁于一旦，在场的人都忍不住流下泪来。张伯苓万分悲痛，也流着眼泪说："……被毁者为南开之物质，而南开的精神，将不会因此挫伤，而愈发奋励。"

抗日战争期间，一个名叫西南联合大学的学校在昆明成立了，它是南开、北京、清华三所学校联办的。在很短的时间里，张伯苓还在重庆的800亩荒地上，将一幢幢教学楼、图书馆、教职工住宅、学生宿舍，奇迹般地建了起来。老百姓都说："张校长真是一位魔术师，看，光秃秃的一块荒地，眨眨眼，已经变成了一所培养后代的学校了。"张校长笑着说："我哪里是什么魔术师，我只是一个不倒翁，日本鬼子将我拨倒了，我又顽强地立了起来。"

这位老人就是以这种"不倒翁"精神为祖国的教育事业奋斗了一生。

·以身作则·

张伯苓先生是我国近代著名的教育家、南开学校的创办人。

有一次课后，张校长背着手在学校四处转悠转悠，刚刚转到操场上，看见一群同学在活动，他看在眼里乐在心里，不免站住多看了几眼，但是等到他转到角上时，突然隐隐约约看见一棵大树背后飘出一丝不易觉察的淡烟来。

他用鼻子闻了闻，嗯，一股子淡淡的香烟味儿。难道有人躲在树后抽烟吗？脚下的青草厚厚的，掩盖了他的脚步声。当他转到树后，一看，果然，一位瘦瘦的男同学，正背靠着树身，美美地抽着香烟。他眯着双眼，烟圈儿肥皂泡儿似的，一串串从他拢圆了的嘴巴里飞将出来，然后冉冉升上天去。

"你在抽烟？"张伯苓校长缓缓问道。这同学吓了一跳，一抖，烟落在草地上了。他一脚踩住烟蒂，神色紧张地说："张校长，我……"

张校长招招手，道："你，跟我来！咱们去办公室里谈谈。"学生抽烟，可是个极坏的习惯。他想找他好好儿谈上一谈。

那个男学生惶恐不安地跟在后头走进了校长办公室。平日里没事儿进校长办公室都有点惴惴不安，更何况是当场被抓住的"现行犯"？

"请坐。"张校长一指他对面的凳子。

"你叫什么名字？"

"刘文伯。"

"你知道为什么让你到校长办公室里来吗？"

"我抽了烟了。"

"咱们南开不准抽烟，你知道不知道？"

刘文伯不吭声。

"你知道抽烟的害处吗？"

"有碍健康。"刘文伯开口了，"也不太好看。"

"还有呢？"张校长盯着他的眼睛。

"当然还有，一时还没有想到。"明显，刘文伯已经恢复了常态。

"抽烟是恶习，沾染上就难戒掉了！学生正是读书的时候，抽烟浪费钱，荒废学业，损害身体……"张校长一条一条地耐心说下去。

"这，我知道。"刘文伯眼睛不看校长。

"既然知道为什么还要明知故犯？"

"也不是什么明知故犯，而是一种潜移默化。"刘文伯的眼睛里闪过一丝狡猾的微笑。

"是吗？难道班上同学都抽烟吗？"

"这倒不是，就我一个。而我，也是偷偷儿吸的，尽量不让同学们见到，免得影响了他们。"刘文伯看来很健谈，至少口才不错。

"那么，你说的潜移默化指的是什么？"

"这个嘛，不谈也罢。"

"为什么？你家里的人吸烟？"

"我家里的人从不吸烟。"

"请如实讲出来吧，我们之间好像没有什么值得隐瞒的。"

刘文伯装得一本正经地说："校长的话很对，谢谢校长的教育，我一定改，从此不抽烟！但是学生来学校，不只学老师的学问，也学老师的行为和其他一切！我本来不会抽烟，到这里看到有的老师抽，我……"

刘文伯的眼睛明显地瞟着校长办公桌上烟缸里的那个雪茄烟蒂。

张伯苓悚然一惊："啊，这是我的不好，你没错。从今天起，我保证再不抽烟，并尽量让老师们也不抽烟。你，也请改过。"看到校长的坚定态度，这位学生点头认真地说："我保证！"

此后，再没见张校长抽过烟，老师们抽烟也少了许多。这，叫为人师表。

·诗的教育·

徐特立（1877—1968年）是我国无产阶级教育家、革命家。他在湖南长沙女子师范学校任校长期间，常常采用诗教的办法，很有特色。

当时女子师范开办不久，社会上的人深受封建思想的影响，认为女人只能做做家务、管管孩子，不是读书的料儿，话里满是冷言冷语，女学生们经不起这一打击，悄悄儿溜走的大有人在。徐特立看在眼里，痛在心里，立即写了一首诗劝勉同学：

女儿智力何曾弱，十二三班作例观。

学算刚刚三载半，几何三角一齐完。

原来湖南师范女校中的第12、13班成绩优异，才学了三年半，中学几何和三角就已学完了，而且学得挺好。

徐特立奉公廉洁，生活简朴，他常常用晋代大臣陶侃收藏木屑、竹头的故事教育学生，说由于陶侃平日里收藏了这些东西，大雪时就可以将木屑拿出来铺在路上防滑、造船时就可以将竹头削了当钉。

有许多次，他捡起地上学生丢掉的半截粉笔装在口袋里，供上课时用。同学见了都说："偌大一所学校，哪在乎这几粒小粉笔头？""咱们校长也真是，不去管管教学大事，倒是一头钻在这些小粉笔头上，小气至极！"这话传到了徐特立的耳朵里，他就亲自拿起这些捡来的粉笔头，一笔一画在黑板上写了一首小诗：

半截粉笔犹爱惜，公家物件总宜珍。

诸生不解余衷曲，反谓余是算细人。

有一天夜里熄灯后，他在校巡逻，看见有几个女同学躲在厕所里，边为自己的情人织毛衣，边说说笑笑。他在外面轻声道："还不睡吗？回去休息吧！"

女同学听见是校长的声音，吓得赶紧蹑手蹑脚回去了。她们想，糟糕，被校长逮个正着，明天定然一顿痛骂。不料她们第二天只是在黑板上看到一首小诗：

昨天已经三更天，厕所偷光把衣编。

爱人要紧我同意，不爱自己我着急。

东边奔跑到西边，不仅打衣还聊天。

莫说交谈声细细，夜深亦复扰人眠。

这件事不但教育了那几个学生，还教育了全校同学。

徐特立校长时不时地上旧书店里去买些便宜的书，回来放在图书馆里供同学借阅。一次在旧书店里见有一本盖有本校图书馆印章的化学书，心知一定是某学生偷了出来寄卖的，心里责怪自己没有将学生教育好，就买回这书，又写了一首诗在黑板上：

社会稀糟人痛恨，学生今日又何如？

玉泉街上曾经过，买得偷来化学本。

他在不到两年的时间里共写了100多首这类的教育诗，后来汇集成《校中百咏》，成了学校教育的重要资料。

·躲不过的寿筵·

徐特立一生参加革命,从事教育,为人极为清廉。因为他对革命卓有贡献,人又长寿,每逢大寿,人们总要为他庆祝一番,可他却千方百计地要躲,一是自谦,一是清廉,怕空耗了国家资财。

他的80大寿,就是一个典型的例子。

这是1957年,这年是新中国成立以来国民经济发展较好的一年,中央领导要为徐老做80大寿。

记得1937年是徐老的60大寿,当时延安的同志自发为他做寿。那时革命还处在很困难的时期。记得当时寿筵上蔡畅、邓颖超等女同志讲话,赞扬他尊重妇女,与老夫人亲爱有加,说他的高尚品德是一切共产党人的典范。他听了高兴得很。毛主席还写了一封祝寿信给他:"你是我二十年前的先生,你现在仍然是我的先生,你将来必定还是我的先生。你是革命第一,工作第一,他人第一。"更是对他的高度赞扬。他是不赞成为自己做寿的,幸好这时大伙儿都穷得叮当响,十分简朴,做寿也多在精神意义上,所以他就接受了。

1947年2月1日,是徐老的70大寿。当时正遇上胡宗南进攻延安,中央机关大都疏散,只有毛主席留在延安以诱敌人上钩。但是敌人也一时搞不清毛主席在什么地方。当时徐老已在绥德。毛主席突然想到了一个计策,让人飞马通知徐老,请他去延安,说中央要为他做寿。徐老马上意识到这一着棋,说:"这是一次政治寿。"他觉得义不容辞,便立即去了延安。新华社曾将这次祝寿事件用电波送往全国。徐老桃李满天下,于是蒋区与解放区的学生一齐庆祝。这次做的是一次政治寿,徐老心甘情愿。

可这次80大寿，看来是难逃大操大办了。于是，徐老只好脚底抹油了。1月30日，距离寿辰还有两天，一大早，徐老带了老伴和儿媳徐乾，一早乘了火车，悄没声儿地去了长沙。徐老原在长沙师范教过书，人又是湖南人，长沙多的是学生，一听说自己尊敬的老师来了，不约而同，纷纷上门来拜访。只见他们一伙还没走，下一伙已到来，谈谈笑笑，热闹非凡。做老师的，最快乐的莫过于学生有出息，学生上门来，他如何不高兴？

忽然，他发觉几个学生走到门外，喜气洋洋地在低声商量什么。徐老年纪虽大，头脑却清楚非常，知道坏事了，心想：

"糟糕，糟糕，不要逃出一处，坠入了另一处。得赶快想办法。"

他不紧不慢地说："告诉先生，你们在商量什么事？"

几个年岁不小的学生一脸的尴尬，他们从不习惯向老师撒谎，只好说出来："不敢有瞒先生，我们是想为老师做寿。今年是先生的80大寿，若不做我们做学生的心里过意不去！"

徐老呵呵笑道："谢谢，谢谢，可惜只可惜你们已错过了日期，我的80大寿已经做过了。"

"有这样的事？"同学们睁大了眼睛。

一个机灵的学生笑了起来："哈哈，先生也会撒谎，我记得清清楚楚，先生的生日是2月1日。"

大家哄笑起来："这回逃不过了。正好让我们做学生的尽尽自己的一点孝心。这次大寿，非做不可。"

夜里，徐老将老伴和儿媳召到面前，一脸郑重地说："大事不好，学生一定要为我做寿，如果还在长沙，怎么也逃不过了。我们从北京跑出来就是为了逃避做寿，这样一来，岂不是白逃了？你们有什么好主意？"

徐老夫人想了一阵，说："最好还是远走高飞，你上次不是说要上桂林吗？我们何不借这机会上桂林去呢？"

儿媳也说："对，三十六计，走为上计。爹还是走吧。我去买车票。"

2月1日一早，他们三人偷偷上了去桂林的火车。

徐老夫妇是80岁的老人，一路上，一应杂事，奔忙的当然是儿媳徐乾。她心里在想："爹不肯做80大寿，这才东奔西波的。人生自古七十稀，何况八十？人家为他老人家做寿，他不肯；我做小辈的岂有坐视不动的？——有了，我上餐车里去说一声，为他老人家做一碗寿面聊表心意吧。"主意打定，她去了餐车。餐车里的服务员要她写了订单，付了钱，然后去煮面了。

餐车负责人说："一般人上了80，都不出门了，这位老先生还出门来。你没问她这老先生是哪一位吗？"服务员道："订单上写着姓徐。"

正好列车长过来，餐车负责人一问，列车长道："买车票的时候我知道，是徐特立同志在车上。哎呀，他是80大寿啊！来，来，来，寿面快烧好了，让我们借花献佛走一趟吧。"

接着，车上出现了难得一见的一幕：列车长双手捧着一大碗寿面，走在最前面，第二位是餐车负责人，后面跟了一大串列车上的工作人员，他们是去向徐老祝寿去的。

闲坐在车厢里的乘客问："你们这是干吗？白鼠似的排成一长串？"

众人乐呵呵道："徐特立同志在车上，他老人家80大寿，我们是为他拜寿去的。"

"真是徐特立吗？我们也去！"于是，人们纷纷排队去向这位可敬的老先生拜寿。

徐老问自己老伴中午吃什么，老夫人说："放心就是，饿不着你，儿媳去订过饭了。"话未说完，只见列车长手捧寿面，带了一大队人马过来拜寿了。徐老忙不迭站起身来还礼称谢，自己也搞不清他们是怎么知道今天正是他的大寿之日。 他终于没有躲过自己的80大寿。

·鲁迅理发记·

　　鲁迅生有一头硬头发，常常被人津津乐道，说这头发简直可与他的宁折不曲的硬性格媲美。但是说起他的理发来，却有一则小故事。

　　这天鲁迅工作之余，感觉有点头昏眼花，心想这是连续工作的缘故，只要休息一阵自然而然会好。一摸头发，天啊，已经三个月没理发了，他自己都笑了起来：这是不是太有点不修边幅了，去上课，学生面前可太不雅观了，何不趁此机会去理个发？也是一举两得。

　　鲁迅理发一向不去大店，只在小店里理个板刷头就可以了。当他来到一家小理发店里的时候，店里刚刚理完了最后一个，理发师是位四五十岁的中年汉子，胸前围着块灰不溜秋的白围布，见鲁迅穿着灰扑扑的长衫，只当他是哪家杂货店里没出息的店员，一抬手道：

　　"坐！理什么式样的？"

　　鲁迅道："老式样就得。"

　　刚说着呢，店门口进来两个理发师的老熟人。

　　那理发师边与熟人打招呼，边"呼"的一下将一片肮里肮脏的白布在鲁迅的脖子上一围，就"喀嚓喀嚓"剪了起来。

　　可能是熬了一个上午没说话的缘故，那理发师见了熟人，犹如放学回家的小女孩一股，嘴里与他们不停地唠叨起来，张家长李家短、陈芝麻烂绿豆，海阔天空说个没完，压根儿没将手里的活儿当回事儿。

　　这时正值当夏六月，那个缩坐在一边拉纸扇的孩子，不知是偷懒还是受到了理发师的影响，竟然连纸扇也不拉了，只热得鲁迅先生那件长衫已经从背后渗出汗来。只看见鲁迅先生头上的乱发纷纷落下，连脖子里都掉进了不少，黏糊糊贴在背上，那股滋味儿，活像上刑，说有多难受就有多难受。

剪完了发，就洗头。理发师的谈兴正浓，手里在干的一切已近乎是本能。但由于心不在焉，一会儿肥皂水侵入鲁迅的眼睛里去了，一会儿龙头上的冷水又浇进了他的脖子。

不到10分钟，鲁迅这个头就三下五除二地理好了。那理发师将那片白围布取下，随手在鲁迅先生的头上、身上"啪啪"掸了两掸，说道：

"15文钱。"

鲁迅被他整了这10分钟，心里哪有好气？只是他一向平和待人，决不居高临下对待这些人。稍一转念，也随手从口袋里摸出一大把钱来"噗"的一下拍在他手掌心中。

直到这时，那理发师才回过神来，仔细一看手中的钱，十来个铜板中竟然夹杂着一块银洋。

理发师立马转了脸色，笑道："先生，多给钱了，15文就够。"

鲁迅头也不回地走出了店门，说道："是吗？随便给！随便给！"

什么？随便给？这么一个毫不起眼的穿着朴素的顾客，竟然"随便给"一块大洋？多大方！那理发师差一点没将自己的眼珠也掉出来。

这以后，鲁迅足有两个月没去他的店。但这"随便给"的顾客，却早已成了这家小理发店的保留故事，凡是去他那里理过发的，都知道了这则故事。

两个月后，鲁迅又上这家店里来了。这回，他却享受到了皇帝一般的待遇：滴得出蜜来的笑脸相迎、无微不至的细心服务、竭尽所能的体贴照顾……

理完了，鲁迅一本正经地排出15个铜板，放在他手中，说道："上次你稀里糊涂地理发，我也稀里糊涂地付钱；这次你规规矩矩地理发，我也规规矩矩地付钱。"

理发师被闹了一个大红脸。

鲁迅就是用这样的风趣、委婉的方式，批评了那位以貌取人的理发师。

·六本赠书·

黄源（1905—2003年）是一位与鲁迅先生颇有渊源的文学家。在他的成长道路上，很能看出鲁迅先生的为人。

1927年，黄源在上海劳动大学编译馆工作，一次偶然的机会，鲁迅先生去讲演，他则在一边记录。后来鲁迅先生又去立达学院讲演，主办人问起什么人可以当记录，鲁迅说上次记的那位相当好，于是又让他去记录，这样，慢慢地，他就成了文学家们讲演的记录人。出于仰慕与爱好，他渐渐地也走上了文学路，也就与鲁迅先生有了师徒关系。

1933年7月1日《文学》创刊，编委会有鲁迅、茅盾、郁达夫等十几位大家，黄源当编校。1934年9月16日，《译文》创刊。鲁迅主编了三期以后，笑着对黄源说：

"怎么样，业务已经熟悉了？"

黄源涨红了脸，讷讷道："好像……好像是有些熟悉了。"

鲁迅道："不是好像，是熟悉了，你已经毕业了。"

从此，鲁迅先生便把编辑任务交给了黄源。

有了这位高明的老师之后，黄源当然少不得时不时地去向鲁迅讨教：做人的道理、作文的诀窍。鲁迅出了书，总也不忘记这位弟子，总是送他一本。这让黄源心里十分感动。

他心里想，鲁迅先生送了我很多的书，最好的回赠是自己也出书，赠送自己的著作，但是眼下这点还做不到，只能是送他几本他最最需要的书，也稍稍表示一点自己的敬意。

有了这么一点心思在心上，他就十分留意起来。

这天他去静安寺路一家外文书铺里翻书，猛的，一部厚厚的书，让他眼睛一亮，他细一看，竟然是《果戈理全集》的德译本。

他几乎跳了起来："早几天听说鲁迅先生想翻译果戈理作品，俄文版即便有，先生也是看不懂的，但是德文本作他的翻译参考，却是最好的。何不将它买下来送他？"

一翻最后一页，天啊，标价竟是18元！这个"元"是大洋，也就是银元。18块银元，这对一个小伙子意味着什么？意味着他一个月的薪金！

胖嘟嘟的老板看他犹豫不决的模样，腆着个肚子过来了："这位小先生，你买这部书吗？"

黄源的脸莫名其妙地红了起来："是，是呀，这书，这书，我确实想买，只是贵了一点。太贵了，太贵了！18元。"

老板瞟了他一眼，高深莫测地说："是吗？对于不需要的人来说或许高了一点，对于需要的人来说却是一点不贵。"

黄源弄不清他葫芦里卖的是什么药，问："能便宜一点吗？我，我……我钱不够。"

老板笑眯眯道："钱不够就过几天再来吧。只不过就只一部，若是被人买走了可没第二部了。"

黄源没奈何，心想，好不容易等到今天才遇上一部，这是可遇而不可求的事，万一让人买走了，岂非可惜？他一咬牙，对老板说："我去取钱来，请你不要将它卖掉。"

老板不阴不阳地说："等你两个小时，再不来就不等了。"

书终于买回来了，黄源在扉页上恭恭敬敬写上"鲁迅先生惠存"字样，送到了先生手里。

鲁迅先生高兴得跳了起来，道："好书！好书！我正找呢。太谢谢你了！"

他爱不释手，东翻西瞧的，好一会儿，正色道："书是绝对的好书，也正是我所需要。只是，只是书价太贵，你不说我也知道，18块银洋对你一个小青年意味着什么。书钱你一定要收。"

黄源又一下涨红了脸："先生，先生，这，这是什么意思？哪有送人书让人掏钱买书的事情？"

鲁迅道："凡事要看情况，若你是位有钱人，18元在你不当什么，我当然也受之无愧。可你是刚刚工作的人，相比之下，还是我比你多几块钱的薪水。你还是让我出钱吧。否则，我要于心不安的。"

于是师生两个开始你推我让起来，黄源拗不过鲁迅先生，只好作出了一个折中的办法：首页已经写字的那本，由黄源付钱；余下5本15元由鲁迅先生付钱。

别以为这是一件小事，我们能从中看出鲁迅先生爱护学生的一片苦心。

·陈寅恪讲武则天·

陈寅恪（1890—1969年），现代史学家、教育家，江西修水人，著名诗人陈三立的儿子，曾任清华大学、西南联合大学、岭南大学教授。

这天海报贴了出来，说陈寅恪教授将在香港大学作讲演，演讲的题目是《武则天与佛教》。

这一下，香港九龙像炸开了锅一样，学术界人士久闻陈寅恪教授大名，想要听他的演讲是理所当然的。但是另一些别有用心的人，主要是听到"武则天"三个字，便如苍蝇一般，不论多远，不管听课的票多难弄，也"嗡嗡嗡"地赶了来。道理很简单：谁让武则天是女皇帝，而且那么香艳、那么风流盖世。这样一来，授课的小礼堂就被挤了个水泄不通，满满当当了。

时间一到，大伙静了下来，陈寅恪手提腋夹，大包小包的，上课来了。

"哇，想不到这么的一个糟老儿还对武则天有兴趣！"有人不免肚子里嘀咕。

陈寅恪朝着下面微微一点头，算是行过礼了。在他，一向不太讲究这一套。然后端端正正坐好了，这才开口演讲。

他的演讲乍听似乎有点平铺直叙，然而他的思路清晰，分析中肯，见解独到。一下就将听众带进了遥远的唐代。别看他是个老者，他的理论却很是新颖，他站在历史的最高点，居高临下，高屋建瓴，将当时的社会、政治、风俗、传统……剖析得一清二楚，听众已经沉浸在他的讲演中去了。

惟有那些一心想听武则天艳史的人却深深感到失望："瞧，这老头子，没完没了地说，干嘛还未说到正题上来？"

然而，陈寅恪哪里会想象得到这些人的心思？他依旧不动声色地讲自己的，遇到需要引证时，他怕人家听不懂原文是怎么说的（加上当时普通话尚未盛行，口音中难免杂有土音），总要站起来洋洋洒洒地写在黑板上。他的板书增强了听众对论点的理解。有的学生主动上去为陈教授擦黑板，陈寅恪点头致意表示感谢。

三个小时就这样流水一般地过去了，大多数人听得入了迷，都感觉不到时间的流逝；只苦了那几个"醉翁之意不在酒"的人，有几个早已逃之夭夭。终于，有一位再也忍不住了，他犹犹豫豫地站了起来，一只手高高地举起。

"陈教授，哎，我说，陈教授！"他清了清嗓子道。

陈教授抬起眼盯住他："您有什么问题吗？"

"打断陈教授的思路了，对不起得很。我可以问一个问题吗？"

陈教授一副宠辱不惊的样子，道："请！"

"我请教授回答一个问题：为什么武则天有那么多的面首（女皇帝非正式的丈夫）？"

"噢，这个嘛。当时佛教盛行，佛教里说，女人也可以成佛，但是成佛得有许多的面首。武则天也想成佛，所以嘛，面首就多了几个。但比之男皇帝的妃子，那是少而又少了。封建社会重男轻女，后人最最喜欢对女人说三道四。探讨武则天，千万不要钻这个牛角尖，钻进去了，这就走上歪路了。"

就这样，陈教授以自己渊博的知识，既让大多数来求学的人得到了收获，也教育了那些心怀低级趣味的人。

·再过一个小时·

陶行知（1891—1946年），原名陶文濬，后改名知行，又改名为行知。安徽歙县人。我国著名教育家，曾留学美国，回国后一直致力于教育事业，作出了极大贡献。

1939年7月，我国正处于抗日战争时期，陶行知在四川合川县为饱受战乱的孩子们创办了一所育才学校，他除开设了一般的普修课外，还为具有特殊才能的孩子们开设了音乐、文学、社会、自然、舞蹈、绘画等课。

当时国家处于极度困难之中，办学的资金全是陶先生一个人四处奔走募集而来，因此，他自己也过着十分艰苦的生活。

有一个星期天，学生中有一位名叫高缨的，听说书店里到了一批好书，他很想去买上一本两本，但是初来乍到，书店在哪里也无从知道，问了几个同学，都说没有去过。

高缨心想："陶校长平日里常与同学们打成一片，常说有什么解决不了的事可以去找他。今天遇上了这个难题，不知他能不能帮上忙？对，他一直对我们同学和颜悦色的，准肯。"

于是他跑到陶行知先生那十分简陋的住处，从窗口望进去，只见先生打着一个赤膊，伏在桌子上，满头大汗地在写什么东西。他心想："先生平日里一直要求我们学生衣冠端正，今天怎么？嘻嘻！不过一来今天是星期天，加上天气又热；二来他躲在自己房里，又没有外出，暂时打个赤膊，也不算什么吧。"

陶先生并没有注意到他，还是在写自己的东西。

高缨鼓了鼓勇气，轻轻叫道："陶校长！陶校长！你有空吗？"

陶校长似乎吓了一跳，连忙抓起身边的一块毛巾，一下子披在自己的肩膀上，脸微微有点红了，问："谁啊？"

高缨道："是我，您的学生高缨。我进来方便吗？"

陶校长有些慌张地说："嗬，高缨，你有什么事吗？"

高缨道："我想上书店一趟，听说新到了一批好书。但是同学们都不认路，您……您认不认路？"

陶校长反常地没有邀请他进房间去，而是说："书店吗？哦，认识！认识！只是我现在不成，你，你能不能等我一个小时？再过一个小时我陪你去，好不好？"

高缨心里又想，平日里陶校长从不拒绝同学们的正当要求，喜欢与同学们在一起，今天是怎么啦？

他嘴里只好怏怏地说："也没什么大事儿，陶校长您忙您自己的吧。我总会有办法的。"

陶校长听出了高缨的意思，指指窗外还在滴水的那件半新不旧的白衬衣说："实在对不起，衬衫还没有干，只好烦你等一等了。"

高缨满口应承着，心里不免嘀咕："这不明明是个借口吗？不去就说不去好了，干吗要借口衬衫呢？难道就没有别的衣服可穿了吗？"

回到寝室里，高缨做起那几道还没有做完的数学题来。

时间在不知不觉中过去，大约过了一个小时，高缨听见屋外陶校长在叫："高缨！高缨！时间还早，书店看来不会关门，还来得及，我们快去一趟，好不好？"

高缨这才记起自己要求过陶校长的事，跳起身来叫："来了，陶校长！马上就来！"

他飞跑着冲出寝室，心里在想："他倒还记得，看来刚才不是故意推托。"

一直走了半里路，无意中，高缨才注意到，陶校长身上穿的竟是件没干的白衬衫。他就这么一件衬衫啊！

·对于亚圣的疑问·

如果翻开《孟子》，就能找到这样的一段文字。桃应问曰："舜为天子，皋陶为士，瞽瞍杀人，则如之何？"孟子曰："执之而已矣。""然则舜不禁与？"曰："夫舜恶得而禁之？夫有所受之也。""然则舜如之何？"曰："舜视弃天下犹弃敝蹝也，窃负而逃，遵海滨而处，终身欣然，乐而忘天下。"

翻译出来的意思是。孟子的弟子桃应问孟子："如果舜在当天子，皋陶在担任狱官，舜的老爹瞽瞍杀了人，您看，这会怎么办？"孟子道："这还不容易？皋陶将瞽瞍抓起来不就得了？"桃应又问："那么做儿子的大圣人舜就不去干涉了吗？"孟子道："你叫舜怎么个去干涉呀，要知道皋陶本来就授有抓捕罪犯的职责啊。"桃应还是问："老师总得告诉学生，舜该如何处置这件事呢，难道眼睁睁看着老爹被抓了去吗？"孟子回答道："在舜的眼里，天下跟一双穿破了的烂草鞋没什么两样，他会抛弃天下，背起他的老爹一逃了之，找个海边的僻静去处，一辈子快快乐乐服侍老爹，再也记不得自己曾经做过天子。"

以上的内容是一位名叫吴尔宽的老师讲授的。当然他是在讲《孟子》。

时间是20世纪刚刚开头的几年；地点是安徽黄山脚下的歙县曹家学馆里。

吴尔宽一向博学多才，是最受同学们欢迎的老师，每每逢他授课，厅堂里总要坐得满满的。

在这些个同学之中，坐在最后的总是一位衣着褴褛的旁听生。旁听生即非正规生，不入学籍，有意无意间，总成了同学瞧不起的人。他不是别人，正是以后鼎鼎大名的教育家陶行知。

这天，吴尔宽正在讲解《孟子》，也就是我们文首看到的那一段。这段文字讲的是儒家学说，宣扬的是儒家孝道。

吴先生讲得头头是道；学生们听得津津有味。

猛然间，一位同学站了起来，怯生生地问："吴先生，我可不可以问一个问题？"

众人回过头去，啊，竟是那位旁听生！

中国旧私塾的老规矩：老师只讲句读，也就是只消能将古文读通也就是了，意义是不讲的，"书读百遍，其义自见"，你做学生的一遍一遍地去读，读多了，意义自然而然会懂。当然更不能提问。万一提问了怎么办？会受到老师的一顿训斥，严重的加上一顿打手心。

所以嘛，陶行知才一提出"可不可以问一个问题"，下面就嗡嗡嗡地响起了同学的插嘴声：

"旁听生，旁听着就是。什么叫旁听啊？"

"规矩都不懂也来读书了，害群之马！"

"免开尊口吧，要提问也轮不着你呢。何况学堂里是不许提问的。"

但吴老师原就是一个开明的人，他一抬手，示意同学们静一静，然后向陶行知点点头。

陶行知受到了老师的鼓励，问道："先生能告诉我们吗？如果天下人都像舜做的那样，杀人犯的儿子个个背了自己的父亲逃走，天下还治理得好吗？"

敢于向圣人说不，提出不同的意见，这在当时是何等的有勇气啊！同学们，包括老师，都怔住了。

这话说得太过厉害了，但是仔细想想，又是那么合情合理。

吴老师不但没有训斥他，反而进一步启发他："孟子身为亚圣，历代多少人都不敢向他提出异议，你为什么敢于提出来？"

陶行知平静地回答道："作为弟子的如果每事每时都按古代圣贤

的说法去做事，从不突破创新，天下还会进步吗？岂不是人人都会活在春秋战国时代？"这话说得连那些指责他的同学都哑口无言了。

吴先生不但没有批评他，反而大加表扬："瞧，陶行知同学说得多好啊。大家也应该学习他，平时多多思考。"

正因为有吴尔宽先生这样的老师，才会培养出陶行知这样的人才来啊。

·钟表店学校·

这天，陶行知先生上吴先生家去商量有关筹措教育经费的事，吴先生不在家，他的妻子奉茶后请他坐着等待一会儿。

陶先生见她气呼呼的，就问道："吴师母与什么人生气呀？当心气坏了身子。"

吴师母苦笑道："说出来不好意思，我家小灵啊，真是淘气，他爸爸新买的一块金表，一眼没看见就让他拆坏了，他不知道一块金表多少钱啊，他爸爸衣服也舍不得买一件，节省了三年才买下的，被他拆得螺丝也掉了，盖也落了，还少了几个齿轮呢。真是让人哭笑不得。"

陶行知瞟了一眼躲在书房里啼哭的小男孩，道："于是您就刮了他一顿？"

吴师母道："这种不爱惜财物的孩子不打打会长成什么人？"

陶行知道："哎呀，可惜啊，您可不能打掉一个'爱迪生'啊。"

吴师母听见过"爱迪生"这个名字，却不知陶行知出此言指的是什么。

她张大着嘴，道："陶校长的意思是打骂教育不好吗？只是他太可恨了，跟他说过多少次，让他别乱拆乱破坏，他就不听。"

陶行知道："是啊是啊，您也听过大发明家爱迪生的故事。他小的时候就十分的好奇，什么东西都要看一看、拆一拆，问个为什么，常常要做实验。因为好动，被学校开除了。多亏他的母亲尽力地支持他，后来他才成了大发明家。您家的小灵这般好奇，没准儿，将来也是一位发明家呢。"

正在这时，吴先生回来了，于是他们俩就商量起正事来。商量完了，吴师母隐隐中觉得自己打孩子的事儿不对头，还是拉住陶行知问道："陶校长，您说我该怎么教育小灵？"

陶行知笑了起来，道："啊呀，是我不好。刚才我还记着要与您说呢。您现在有工夫吗？我们带他一起上钟表店，也到学校一会儿。"

"什么学校？"吴师母大惑不解道。

"您带着表，我领着孩子。咱们一块去好不好？"

于是陶行知就带了吴师母母子，来到了一家有名的修理钟表的店里。他请修表的师傅为他们洗刷、装修好这只金表。

那师傅检查了一下金表本身，发现只是缺少了一只小齿轮，就答应了下来。

陶行知陪同小灵紧紧坐在修表师傅的身边。

修表师傅的桌子上一桌的小刮刀、小起子、小撬棒什么的，还有一只可以套在眼睛上的放大镜。

果然，小灵大感兴趣，双眼一眨不眨地看着修表师傅如何将表轻松地旋开，利用小工具将其中的齿轮、小螺丝等等一一拆了下来，浸泡在一只盛有药水的小器皿里，然后再将那些小东西一一装上，最后才上了油，将表盖盖严。前前后后足有一个小时。

小灵看得津津有味，差点儿连口水都挂下来了。吴师母也很内疚，心里暗暗佩服陶先生教育有方。

表修完了，陶行知要为他们付钱，吴师母死活不肯，抢似的将这1元6毛钱付了。

回去的路上，陶行知道："小灵，怎么样，有没有味道？"

小灵结结巴巴地说："有味道，有味道。以后有这种好事了，陶校长多领领我。好不好？"

陶行知说道："是呀，其实，今天钟表店是学校，修表师傅就是老师，这1元6毛钱呢，就是学费！你在钟表店里的1个多小时，就是上课。你懂吗？"

小灵忙不迭地说："就是，就是，就希望以后能够常常去这种学校。"

后来陶行知再一次遇上吴师母，吴师母告诉他，自从陶校长陪着他们去了一趟钟表店以后，她已经领悟到做父母的与其事后打孩子，还不如事先多花点工夫培养孩子的好奇心，免得真的赶跑了"爱迪生"。

·手脑并用做桌凳·

1932年，陶行知在上海先后创办了"山海工学团"、"晨更工学团"、"劳工幼儿园"，推行中华普及教育运动。

"山海工学团"刚刚成立，农民的孩子有了读书的地方，大家那份高兴啊，就甭说了。于是平日里烧香拜佛的红庙，就成了教室，可是课桌椅哪里找去呀？学校是十分勉强办起来的，要买课桌椅那是休想，只好让孩子们自己带来。

这下可好，第二天一早，孩子们来了，各自搬着自己的桌凳，高的高，低的低，大的大，小的小，五花八门，什么都有：一个同学搬来的是锯矮了的画桌，有了它，5个同学用不着带桌子了；另一个同学搬的是用3块板钉成的板凳，坐在上面摇摇晃晃，不到一节课就扑通一声跌倒在地；第三个同学没椅子，绑了四块砖头当凳，结实倒是结实得很，就是搬起来要请另一个同学帮忙；还有一个同学的椅子倒是货真价实的，可惜少了一条腿，坐着坐着，一不小心身子一歪，一头扑在同桌身上了……总而言之，什么样的桌椅都有。

上课了，一声"起立"，总有七八十来把椅子要倒在地上，三五张桌子要掀翻在地，闹得同学老师个个啼笑皆非。

一个星期后，陶校长从各地募来了一些木头，请来了一位木匠。这是一个壮壮实实的中年汉子，40上下年纪。他一到学校就问清了桌凳尺寸，又是锯，又是刨，又是凿，又是劈，埋头做了起来，不出一天，竟然做成了一个凳子和一张桌子。

同学们看见来了木匠师傅，说是为他们制作新的课桌凳，心里不知有多高兴，只要一下课，就围着他看。

陶校长还在外地弄木头，等到他估计木头差不多够用了，才回来。陶校长一到学校，第一件事就是去看木匠，见他干得正辛苦，递上一杯开水，道："大师傅，你先喝口水再说——啊呀，我来不及告诉你，我们不是请你来为他们做桌椅的。"

木匠师傅吃惊地睁大眼睛，接过水，边拭汗边道："校长不要我做桌椅，要我干什么？我可只会这个呀。"

陶校长道："我们是请你当老师来的。"

那木匠脸红了："校长莫开玩笑，我可不识字。"

陶行知道："我是请你来教同学做木工的。我已请人买来了斧、刨、凿、锯等工具，明天开始，就请你教学生做木匠活，教会一个，另得一份工钱，若是教不会，即使你全数都做好了，也得不到工钱，如何？"

那师傅憨笑道："我虽带过个把徒弟，但一口气带这么多的，怕不成吧？"

陶校长道："这你放心，我们请他们的班主任老师帮助你，一定组织得有条有理的。"

第二天，操场上摆起了干木匠活的搁板，这位木匠手把手地教他们如何劈得准、锯得直、刨得平、凿得深……许多学生做得十分投入。

开始时不少家长也有些意见，陶校长与老师耐心告诉他们实践的重要性，陶先生还特地写了一首小诗：

人生两个宝，双手与大脑。/用脑不用手，快要被打倒。/用手不用脑，饭也吃不饱。/手脑都会用，才算是开天辟地大好佬。

孩子们与家长听了都鼓起掌来。不久，他们不但做成了崭新齐全的课桌椅，还制了许多教具、玩具、仪器。陶行知又写了一首小诗：

他是木匠，我是先生。先生学木匠，木匠学先生。哼哼哼，我哼成了先生木匠；哼哼哼，他哼成了木匠先生。

·四块糖的故事·

陶行知先生有一天发现学生王友用泥块砸自己的同学，他当即制止了王友，并令他放学后到校长办公室。放学时陶先生来到校长室，发现王友已等在门口。

陶先生立即掏出一块糖果送给他："这是奖给你的，因为你按时来到这里，我却迟到了。"王友带着怀疑的眼神接过糖果。

陶先生又掏出一块糖果放在他手里："这也是奖给你的，因为我不让你再打人时，你立即就住手了，这说明你很尊重我。"

接着陶先生又掏出第三块糖果塞进王友手里："我调查过了，你砸他们，是因为他们欺负女学生。这说明你很正直，有跟坏人作斗争的勇气！"

王友哭了："你打我两下吧，我错了，我砸的不是坏人，是我的同学呀……"

陶先生满意地笑了，他随即掏出第四块糖果递给王友："为你诚挚地认识错误，我再奖给你一块糖……我的糖完了，我看我们的谈话也该完了。"

陶行知先生爱护鼓励学生的做法，产生了深远的影响。

无独有偶，当代著名教育家魏书生老师处罚学生用三种方式：犯了小错误，罚他给全班同学唱支歌；犯了比较重一点的错误，要去做一件好事来补偿；犯了严重错误，写一份500字的说明书。魏老师还向学生说明，说明书不是检讨书，犯错误的学生可以为自己辩护。如果确实认识到自己的错误，写明犯错误的心理活动过程就行了。

魏老师的这个提议自然得到全班同学的一致表决通过。从此，有人迟到了，作为小错误看待，他要在自习课上给大家唱支歌，既训练了唱歌的本领，又提高了当众表演的能力。当然，唱歌时心中还隐隐地升起一种羞愧感。至于犯了重一点的错误，需要自己去寻找做好事的机会，比如，给班级洗窗帘什么的。

陶行知先生与魏老师的成功就在于他们都有一颗宽容的心。教师对犯错学生的宽容，最能引发起学生心中的愧疚感，对教师产生感激之情，很情愿地改掉自己的毛病。因此，宽容教育是最成功的教育形式，带着爱心与宽容心走向学生心中的教师，必将成为最成功的教育大师。

·研究从儿子开始·

陈鹤琴（1892—1982年），浙江上虞百官镇人。青年时期在北京清华大学毕业，考取公费留学，与陶行知同行，后毕业于美国哥伦比亚大学，获教育学硕士学位。陈鹤琴是我国近代教育史上名望卓著的儿童心理学、幼儿教育和儿童教育专家，也是我国教育改革家。

陈鹤琴研究幼儿教育从观察和实验入手。1920年，他首先以自己的第一个孩子一鸣为对象，开始他的研究工作。他从孩子出生那天起，就逐日对其身心变化和各种刺激反应进行周密的观察和实验，并作出详细的文字和摄影记录。他给一鸣尝甜的、酸的、苦的东西，以观察其表情变化。他还把一鸣抱到课堂去给学生当活教材。一鸣自幼喜欢画画，有时边画边说。他就把一鸣作画的日期、年龄及对画的解释都记下来，并完好地保存了100多幅。他连续花了808天的工夫，积累了大量的材料，具体剖析了孩子的身体、动作、心理、性格和言语等各方面的发展规律。经过三年的观察和实验，写成了《儿童心理之研究》和《家庭教育》两本著作。这两本书至今仍有重要的指导意义。

1923年，陈鹤琴把自己家的客厅腾出来，加以布置，招收了包括自己的孩子一鸣和秀霞在内的12名学生，创办了我国第一所实验幼稚园——南京鼓楼幼稚园，并进行了为期四年的一系列实验工作，这是我国创办的第一个中国化、科学化的幼儿教育实验中心。

陈鹤琴认为，无论什么人，受激励而改过很容易，受责骂而改过却比较难。小孩子尤其喜欢听好话，听鼓励的话，而不喜欢听恶言。有一天，陈鹤琴看见一鸣拿了一块破烂的棉絮裹着身体玩。他考虑：我是立刻把他的破棉絮夺去呢，还是用别的东西去替代？他仔细一想，还是用积极的暗示去指导为好。于是他就对一鸣说："这是很脏的东西，我想你一定不会喜欢的，你是要一块干净的，对吧？你应当跑到房里去向妈妈要一块干净的，好吗？"一鸣听见爸爸鼓励他，就很高兴地跑到房里换了一块洁净的毯子。

有一天，5岁的儿子同父亲到郊外散步，他远远地看见一个小孩在那里放风筝，就问父亲："那个小孩在那边做什么？"父亲回答："你要去看看吗？"说着就与他一同前往。到了，父亲对他说："那个在空中的东西多好看。你看那个小孩手里捻着什么东西，要走近去看一看吗？"孩子好奇地去了，回来对父亲说："是线。"父亲就领他到街上去买了纸、竹篾等材料，回家做了一个风筝给他。第二天，还陪他到郊外放了风筝。陈鹤琴认为，这种利用问题加以引导的方法，比"有问必答"养成儿童的依赖性来得好，它能利用儿童的好奇心，引导探索究竟，使儿童得到许多快乐和许多经验。

儿童教育家陈鹤琴呕心沥血地探求儿童的习惯、言语、情绪、心理，用慈母般的爱心去精心抚育儿童。他试行家庭教育的成功，受到了全国乃至国际上的承认。他长期从事儿童心理学、幼儿教育和儿童教育的科学研究和实践，为我国教育事业贡献了毕生的精力。

·叶圣陶教子做文章·

叶圣陶（1894—1988年），我国著名作家和语文教育家。教师出身的他，不仅对我国的教育和文学事业倾注了毕生心血，而且在家庭教育方面也有其独到见解。

叶老有二儿一女：至善、至美、至诚，就是希望子女具备完美的人格。叶老教导子女，为文与做人是分不开的，但为文必先为人。他们在人生之路上都曾遭受过不小的挫折，但始终没有改变做人的真诚，没有改变对生活的热爱和对事业的追求。之所以能够如此，应该说与其父亲对他们的教诲和培养是分不开的。

叶至善在回忆其父指导他们写作的有关文章中写道："吃罢晚饭，碗筷收拾过了，植物油灯移到了桌子的中央。父亲戴起老花眼镜，坐下来改我们的文章。我们各据桌子的一边，眼睛盯住父亲手里的笔尖儿，你一句，我一句，互相指摘，争辩。有时候，让父亲指出了可笑的错误，我们就尽情地笑了起来。每改罢一段，父亲就朗诵一遍，看语气是否合适，我们就跟着他默诵。我们的原稿好像从乡间采回的野花，蓬蓬松松的一大把，经过了父亲的选别跟修剪，插在瓶子里才像个样儿。"

叶至诚也回忆了父子们一起改文章的情景：

"父亲先不说应该怎么改，让我们一起来说。你也想，我也想，父亲也想，一会儿就提出好几种不同的改法。经过掂量比较，选择最好的一种，然后修改定稿……除了文法不通、语气不顺和用字用词不恰当之外，有些空泛的议论和抽象的描写也常常给指出来要我们改。父亲不赞成在文章里多用'喜悦'、'愤怒'、'悲哀'之类抽象的词儿，也不赞成堆砌许多比喻和抒情的词句。他喜爱白描的手法……每看到我们的文章里有传神的描写，他会满意地说，这里可以吃圈。"

叶老从不给孩子教授作文入门、写作方法之类的东西。他仅要求其子女每天要读些书。至于读点什么，悉听尊便。但是读了什么书，读懂点什么，都要告诉他。除此之外，叶老还要求其子女每天要写一点东西。至于写什么也不加任何限制，喜欢什么就写什么：花草虫鱼、路径山峦、放风筝、斗蟋蟀，天上飞的，地上爬的，水里游的，听人唱戏，看人相骂……均可收于笔下。

纳凉时，叶老端坐在庭院的藤椅上，让孩子把当天写的东西朗读给他听。叶老倾听着孩子朗读，从不轻易说"写得好"与"写得不好"之类的话，比较多的是"我懂了"和"我不懂"。如若叶老说"这是什么意思呀？我不懂"，其子女就得调遣词语或重新组织句子，尽力让父亲听得明白。直至叶老说"噢，原来是这么一回事，我懂了"时再继续读下去。

在轻松、欢快的气氛里，三兄妹的写作进步很快。一年下来，三兄妹写的稿子积成厚厚的一摞。有几位朋友从杂志上看到他们的文章，就怂恿说："你们兄妹三个不妨合起来出一本集子。"三兄妹想，当初写这些文章，为的是练习，合将起来，岂不成了作文本？但又想，学校里同学之间不也喜欢传看作文本吗？或者有人想看看我们的。于是，就把存稿编排了一下，请父亲复看一遍，删去若干篇，编成了一本集子。叶圣陶替三兄妹的这第一本文集题了书名，叫做《花萼》。

叶老这样教子作文，实在是值得称颂、借鉴的好经验、好办法，体现了他倡导的"'教'是为了'不教'"的思想。

·与新中国同时诞生的课本·

"叶老"是大家对叶圣陶老先生的尊称。叶老是我国著名的教育家，对新中国的教育事业作出过巨大的贡献。

叶老对新中国教育事业的贡献，要从新中国成立前夕说起。1948年11月，叶老住在上海，当时上海还没有解放，还在国民党的统治之下。这时，叶老接到中国共产党的邀请，请他到解放区去。一向追求光明、心向革命的叶老，高兴地接受了邀请，秘密地离开上海后，先到香港，再从香港乘船北上，来到解放区。

这时，人民解放战争节节胜利，解放区的面积不断扩大，全国解放已指日可待。解放了的地区需要发展教育，需要办学校，需要有课本。中国共产党请叶老到解放区来编课本，编出宣传革命思想的好课本，编出培养新中国建设者的好课本。

叶老当时已是年过半百的老人，但是，他接到任务后，却像年轻人一样激动起来。叶老从20多年前就想编一套好的教材，推动中国的教育事业，但是每次刚编出一些，就遭到反动势力的打击、压制。现在终于盼到了这天，他可以在解放区的土地上，放开手脚编一套好的课本了。

可这任务多艰巨啊！中学、小学有12个学年，每个学年有两个学期，而且每个学期都要有语文、数学课，另外还要有历史、地理、化学、物理等多门学科。

叶老接到任务后，二话没说，就干起来，而且提出："解放军打到哪里，教科书送到哪里！"

叶老起早贪黑，废寝忘食地干起来。他亲自挂帅组成编委会，亲自挑选干部，制定提纲，确定编写原则，组织人编写、审定。

叶老对语文教材很重视，决不能让有反动思想的文章毒害中小学生。他组织了四个编写组，来编小学的、初中的、高中的、大学一年级的语文课本，要编一套全新的、革命的语文课本。

初稿写出来后，叶老要求各组开会，一篇一篇、一字一句地读出来，叶老亲自听，还要请专家们听，看看内容好不好，语言好不好，适合不适合学生学习等。

如果发现有的课文不好，一时又找不到合适的，叶老就自告奋勇地说："我来写一篇。"他白天上班，和大家一起开会、研究工作，晚上就连夜写出一篇，第二天上班就读给大家听。

课文打印出来后，叶老还要一一审阅，逐字逐句修改，在修改过的地方，他还要夹上一个小纸条，说明修改的理由，请编书的同志们传看。大家都被他这种精益求精的精神感动了。

在叶老领导下，编写课本的工作进展很快。1949年8月，初小、高小、初中、高中的语文课本由新华书店发行了。9月，大学的语文课本也发行了。新中国的大、中、小学教科书，和新中国一起诞生了。

叶老为新中国的教育事业作出了巨大的贡献，他的功绩写在新中国的教育史上了。新中国成立后，他当了教育部的副部长，仍然主管教科书的编写工作。

新中国成立后，编写课本的任务不像解放战争时那样急了，但叶老却要求更高了。他为了编好课本，坚持开门编书。他常到学校里和教师、学生座谈，征求意见，还常到学校听课，了解教师学生使用课本的情况，还确定一些学校作为教学基地，将编出来的课本先在这里试教，取得经验后再推广。仅在1962年2月到5月，四个月期间，他就到教学基地和老师一起备课、听课、讲课有14次之多。要知道，这时他已是将近70岁的老人了！

新中国成立后的十几年间，人民教育出版社出版的课本，几乎都是经过叶老审阅、修改过的。叶老为了我国教育事业的发展，做着最具体、最切实的工作。他的名字，永远在新中国的教育史上闪光。

·刘海粟创办美术学院·

刘海粟（1896—1994年），字季芳，江苏常州人。是杰出的美术家、教育家、美术史家、画家。他创办了现代中国第一所美术学校——上海图画美术院，并任校长，招收了徐悲鸿、王济远等高才生。他冲破封建势力，首创男女同校，增加用人体模特和旅行写生。1918年到北京大学讲学，并第一次举行个人画展，受到蔡元培、郭沫若的称赞。

1912年，刘海粟从国外回来。在国外时他感触频深：我们中国人的聪明才智都没有发挥出来，看上去总有一种愚鲁的感觉，其实，这是缺乏教育的缘故。身为中国人，应该义不容辞地为老百姓做一番事业。但是，他的专长是美术，于是他打算开办一所美术学校。

他先请来了张聿光、乌始光两位画友，对他们说出了自己的主意。

乌始光劈头就说："刘兄的念头最好不过了，只是谈何容易？"

张聿光也说："刘兄的主张正合我意，小弟也早有此念头，但一直没有搞起来。刘兄若能起头，小弟自当鼎力相助。"

刘海粟道："两位都有此意，我心里最高兴不过了。有二兄相助，事情一定办得起来。你们说，要办这件事，第一个需要什么？"

乌始光与张聿光几乎异口同声地说："钱！"

张聿光道："这钱是租屋子用的，有了屋子也就有了学校。黑板、桌椅等物是小事一桩。教师嘛，你我三人凑着再说。但是租屋没钱是没有办法的。"

刘海粟一言不发，转身打开自己装衣物的那只行李箱，翻开衣物，从底层取出一个沉甸甸的布袋来，拉开绳结，"呛啷啷"一声，将一堆银洋倒在桌子上。

"这里是200块银元。两位看租个屋、买点杂碎用品够不够。"

张、乌二人眼睛一亮道："刘兄真是有心人。这是为国为民的大好事，我们如何不做？有了这点钱，我们先打点起来再说。"

乌始光道："校址我去找，只是学校叫什么名才好？"

三个人议了一会儿，决定叫"上海图画美术院"（上海美术专科学校前身）。

于是三个人马上动起手来：一个定下教育目标，设置课程，安排课程……一个寻找校址，购置学校日用所需；另一个拟订招生广告，向政府申报，等等。三个人忙得团团转。

刘海粟是主要负责人，由他定下办学宗旨。他取来一张毛边纸，首先写下《上海图画美术院办学宣言》，其中要旨是发展东方固有艺术，谋中华艺术的复兴。

写完之后，刘海粟亲自送到报馆里要求登出来。

不几天，这份《宣言》登了出来，于是社会上风言风语大起："瞧他们几个，吃饱没事干，老百姓肚子还是瘪瘪的，居然讲究起什么美术来了，真是笑话、奇谈。"

"画画还要办学堂，这不是画蛇添足、多此一举吗？"

刘海粟的两位朋友听到这些，心里当然不好受，只是一心扑在工作上，也没将他们的话放在心上。他们咬着牙，在一张白纸上写下了"争气"两个大字，来宣泄自己的烦心。回击这些人的污言秽语的最好办法，莫过于争气了。

终于，校址选定了，在苏州河边上的乍浦路上。这是幢西式的楼房，虽然不太像学校，也只好聊胜于无吧。1912年11月23日，上海图画美术院的牌子挂了出来。

招生广告发出去了，毕竟是中国开天辟地第一回，来报名的人并不多，仅区区一二十人。但是人少，它的意义却不小，是中国美术教育史上重彩浓墨的第一笔。

·刘海粟破格录取张玉良·

1914年的一天，刘海粟的朋友潘赞化带了一个年轻女子上门拜访。

这女子算不上很漂亮，但是气质很好，清正文静，聪颖灵秀。

潘赞化将手一指，对刘海粟道："这是贱内，这是刘校长刘海粟大画家。"

那女子恭恭敬敬鞠了一躬，自我介绍道："小女子张玉良。弓长张，美玉的玉，良好的良。"（过去女子随夫姓，所以她也叫潘玉良。）

刘海粟还了礼，嘴里说"不敢"，一面眼睛看着潘赞化，意思是他干嘛把自己的妻子带来。

潘赞化打开手里一卷画，递给刘海粟："这是贱内的游戏之作，还请刘兄法眼看一看。"

刘海粟细细一看，果然是一轴好山水画：远山近水，树木楼台，生动有神；另一轴是人物画，也画得眉目如生，勃勃有神气。用笔虽然还欠功底，但是有股子力透纸背的气度。光是这几张画就可以看出，她是个美术上的可造之材。

刘海粟正频频点头称赞，突然潘赞化对自己的妻子道："请你外面天井里稍作逗留，我有句话向刘兄一说。"

张玉良早与丈夫有了默契，微微点头，走了出去。

刘海粟莫名其妙，正要询问，潘赞化压低声音道："我拖了贱内来打扰，实在是想请刘兄破格收贱内为美专学生。我也知道，贱内已经结婚，而且这个……这个……反正真人面前不应讲假话，我就将实情告诉刘兄吧。"

原来张玉良的身世也非常可怜，她1岁没了父亲，8岁没了母亲，孤苦伶仃一个人活在这世上，可怜小小年纪，就被没心没肺的族人卖到妓院里当上了雏妓。作为一个女人，还有比她更加悲苦的吗？她连一个流眼泪的地方也没有。

幸好她并非一般的烟花女子，并未在伤心或自暴自弃中堕落，她努力地学习绘画，在画中寄托自己的希望。

潘赞化有一次无意中遇见了她，当他了解了她的身世，他非常同情她，也对她的志气十分赞赏，慢慢地，被她的精神所感动，就爱上了她。他千方百计地要为她赎身。她所在的妓院老鸨非常可恶，见潘赞化提出要为她赎身，觉得奇货可居，狮子大开口，提出了高价，潘赞化并不是一个富人，无奈之下，只好卖掉了自己仅有的一幅宋画，为她赎了身。然后，他请赫赫有名的陈独秀为他证婚，正式娶她为妻。但是，潘赞化自己知道，他的妻子是个很有才能的奇女子，自己的这点水平教她是远远不够的，她要有出息，惟一的路是上美专读书。可是她已经结婚，何况她在妓院呆过，学校肯收她吗？当时美专的规矩，光结过婚这一条就不会收下她，别说第二条了。

说到这里，潘赞化的眼泪也潸然而下。

这番话打动了刘海粟，他一把拉住他的手道："潘兄放心，我刘某尽力而为。只要成绩好，结过婚也无妨。限制太死是要扼杀人才的。嫂夫人有才气，但笔力尚柔嫩，毅力却可佩，志向更是令弟钦佩。造就一个好的环境，做一个好花匠，这不是你我私情，而是为了神州的艺术事业啊！"

于是，刘海粟就顶住了社会上、学校里的各种压力，毅然决然在录取的红榜上写下了"张玉良"的名字。

张玉良也真争气，她在刘海粟的悉心教育下，很快成了一个德才兼备的高才生。

1921年，刘海粟又资助她去了法国里昂就读中法大学，成了美专第一名留学法国的女学生。

张玉良终于在刘海粟大师的无私帮助下成了一名女教授、一名女画家。

·胜于狐仙·

华罗庚（1910—1985年），江苏金坛人。中国著名数学家、教育家。

说来，华罗庚这个名字还有些来历呢。原来华罗庚的父亲是金坛镇上一家小小杂货铺的店主，40岁才生下他这么一个儿子，怕养不大，按照当地的习俗，一生下来就将他扣在两只箩里，据说如此可以落地生根、少病少灾。又是箩，又是根，原该叫箩根，嫌这两字难看，改其谐音"罗庚"。

华罗庚小时顽皮、淘气，特别好动，作业潦草，时不时逃学去看社戏，但是特爱数学，以至于发生过这样的事。初二时，有一次数学老师对他说："华罗庚，今天数学测验，但是这些题目对你来说，太过容易，你就不用考试了，上街玩儿去吧。"由此可见，他的数学成绩在老师心中的地位。

别以为华罗庚其他学科的成绩一定平平，其实他的理解力是出奇地好。

有一次，语文老师建议他去读当时赫赫有名的作家胡适写的一本《尝试集》。华罗庚翻开书页一看他的"序诗"，上面写着："尝试成功自古无，放翁此言未必是，我今为之转一语，自古成功在尝试。"华罗庚一看这序诗心里就犯了嘀咕：放翁说的尝试是试一次；你胡适后面说的"尝试"，却指的是实践即多次尝试。作者本人对"尝试"这一概念尚且混为一谈，他的作品还值得一读吗？他小小年纪就思维缜密，已经能够指出一位大家有意无意的毛病，理解力好，可见一斑。

华罗庚之成为大数学家，有教育家熊庆来教授和金坛中学校长、教育家王维克的大力帮助，更多的则是自己的努力。初中毕业后，他因家贫辍学，待在家里帮助父亲看杂货铺。

但是他听从金坛中学老师王维克临出国前对他说的话，"你千万不可放弃数学"，所以，他一有空就钻读数学。

他的父亲见他整天捧着一本书，涂涂画画个没完，一时好奇，翻开看看，数学里的符号他一个不识，吃惊之余，呵斥华罗庚道："瞧你，瞎搞个什么？这是本什么书？天书似的，谁看得懂？与其看这种天书，还不如好好儿守着店，好声好气对待顾客。再看这些没用的东西，瞧我不一把火烧了它！"吓得华罗庚捧了书就跑。

华罗庚边跑边说："我不误了你的生意也就是了。这碍什么事了？"

可是父亲总是很不以为然。

这年春夏之交，他父亲的铺子里也兼收些蚕茧。江苏一带农村里种田之外，农村妇女多养蚕宝宝，小店收些蚕茧，也不失为一笔买卖。

事有凑巧，这天收完了蚕茧已是二更时分，他父亲忙了一天，还得算账，可是不知是因为忙了一天脑筋不好使呢，还是夜深了忙中出错，总之算来算去就是差1000元对不上账。账不结清，第二天怎么继续收购蚕茧呢？这可急得父亲满头大汗。

他家邻居是位十分迷信的老婆婆，见他折腾个没完，在屋外嚷嚷道："瞧你忙的，这是狐仙菩萨在挪移你的账啊。你店里反正香烛是现成的，为什么不点起来拜上一拜？"

金坛人多相信狐仙，动不动什么都是狐仙作的怪。父亲一听对头，立马点上香烛，又跪又拜起来。

华罗庚年纪虽然不大，却压根儿不迷信，见父亲的举动，又是好气又是好笑，出来道："爹啊，你狐仙也不用求了，还是让我来帮你算上一算吧。"

父亲怀疑地盯住他，心想死马当做活马医，不如让他试一试吧，就将账本交给了他。

不到半个时辰，华罗庚已经将账算清，并告诉他，刚才出错在什么地方。他的父亲起先还不信，待自己按着儿子的思路再核对时，发现华罗庚果然算得是一清二楚。从此以后，他再也不阻碍华罗庚学数学了。

·熊庆来与华罗庚·

熊庆来（1893—1969年），云南弥勒人，中国数学家、教育家。

1930年，一天中午，清华大学数学系主任熊庆来吃完午饭，回到自己的办公室坐下来，拿起一本上海出版的名叫《科学》的杂志，随手翻了起来。这是一本当时在科学界很有声望的科学杂志，或者说它是本权威杂志也不为过。突然，他的眼睛一亮，一篇文章的题目引起了他的注意：《苏家驹之代数的五次方程式解法不能成立》。

哇，苏家驹可是当时国家级的数学家，有谁这么大的胆子，敢与他叫板？他的目光立即扫到作者一栏上：华罗庚!

"嗯，好陌生的一个名字!"熊庆来心里想，"要不就是我太孤陋寡闻了。唉，长江后浪推前浪，人才辈出啊！且让我看一看这人是怎么说的，但愿不要是什么狂妄无知的黄口小儿写的才是。"

他按照目录上注着的页码翻到这一页，细细读了起来。随着目光的往下移，他的心里越来越佩服：这个区区无名的华罗庚说得句句在理，条条让人无可辩驳，读到最后竟然彻底推翻了苏家驹的论点。

苏家驹之代数的五次方程式解法，熊庆来不是不知道，只是他当时正在研究另外一个问题，没有仔细阅读。经华罗庚这里一提，他连忙去找到载有苏家驹之代数的五次方程式解法的资料来，对照着看，越看越觉得华罗庚论证有理。

"老苏啊老苏，一不小心，就彼人抓住小辫子了，可见科学这个东西来不得半点的马虎。"熊庆来微笑道，"只是华罗庚是哪一位？一位刚刚留学回来的留学生？华罗庚是化名？这么一位出类拔萃的人物我竟一无所闻？莫非我真是老糊涂了？"

从此，熊教授就落下了一块心病：四处打听华罗庚其人。只要他遇上什么海外的朋友、客人，遇上数学界的同行，遇上自己的亲人朋友，遇上毕业了的学生，他总少不得要问上一句：

"我向各位打听一个人，有没有人知道一位名叫华罗庚的人？"

"熊教授能给我们一个范围吗？这人是干什么的？"他们总会说。

"这点嘛，真的无可奉告。只是有一点是肯定的，他对数学很有研究。"

"有名不有名？是国内的还是尚在国外？"

"抱歉，抱歉，我真的一点也不知道。不过这先生迟早会有名的。"

这么一个没地址、没出处、犹如神龙见首不见尾的先生，哪里找去？

幸好一次来了一个机会。这天是一次数学界的集会，全国各地几乎都有人参加。熊教授又提出这个问题来了："哪位能告诉我，华罗庚身在何处？"

一位来自江苏的教师走了过来："熊教授问华罗庚？是不是中华的'华'，'四维罗'（繁体字'罗'字由'四'字与'维'字组成），庚子赔款的'庚'？"

"正是，正是，您知道吗？"

"据我的弟弟说起，他有一位同学，名叫华罗庚，数学极好，但是家道贫穷，所以初中也没有毕业，现在金坛中学里当个事务员。"

啊，熊教授欣喜若狂。他身为一名搞教育的，岂肯让一个天才夭折？他马上亲自动手写了一封信，邀请华罗庚上清华大学数系学来深造，他熊庆来愿意提供尽可能多的帮助。

第二年的暑期里，华罗庚终于来到了清华园。熊教授是对照了事先寄来的照片才认出这位乡下小伙子的。熊教授如获至宝，拉着他的手，好久不肯放开，询问了他的情况，马上替他找到一个工作——收发保管，让他边工作边学习。

华罗庚从乡下来到了清华园，犹如一下子进入了一间藏宝室，他往往三天两天读完一本书，看起书来废寝忘食。熊庆来将他找来问他一些数学上的问题，他对答如流，头头是道，见解十分新鲜。熊教授邀请他去听自己上的高等数学分析课。谁知没听几节，他已融会贯通，掌握得比在校的任何一位同学都好。

　　就这样，熊教授为国家培养出一位难能可贵的大师级数学家来。

·民乐宗师刘天华·

刘天华是中国现代民乐大师，著名民乐改革家、教育家。他1895年出生在江苏江阴一个寒士家中。他并没有进过音乐学院，他担任民乐的教育工作，也是靠摸索。他是一个自学成才的音乐家、教育家。

刘天华的教育生涯，是从母校常州府学堂开始的。1916年，失业在家的刘天华听说自己的启蒙音乐教师童伯章当上了母校的校长，便从江阴到常州去拜访，并且用二胡演奏了自己写的曲子《病中吟》，童伯章听了，很感兴趣，便留他在学校任音乐教师。

刘天华教音乐，遇到的第一个困难是缺乏必要的教材。当时中国能够记录音乐的是工尺谱。这种乐谱只能记下音乐的轮廓，如果要教学，只能参照谱子，跟着教师模仿。既浪费时间又不易学准。刘天华潜心研究中外音乐历史，采用现代乐理，把工尺谱翻成五线谱，编成讲义，引进课堂。这样一来，教师轻松，学生也能按谱练习，不必一曲一曲跟着老师模仿，学生的音乐水平迅速得到提高。

在课堂上，刘天华教的是乐理；任课外，他还负责乐队。刘天华对民族乐器十分精通，二胡、琵琶、唢呐件件能熟练演奏。要教民族乐器，比教乐理更难，它们没有现成的曲谱，往日总是由师傅口传手教，个别传授。同一个曲子，不同师傅传的也不一样。刘天华为了让民乐教学有所依据，便白手起家，自行编写了教材，从指法弓法符号开始，再编写由简到繁的练习曲，编出二胡练习教材，然后照此办法编写琵琶的教材，让民族乐器也有了科学的教学方法。

1922年，由常州府学堂升入北京大学的几个学生，联名向北京大学校长蔡元培先生推荐刘天华。蔡先生正在策划开展对大学生进行美育教育，便不顾别人反对，让根本没有任何学历的刘天华到大学来，担任北大音乐传习所的教师。同年秋，他又兼任北京女子高等师范学校音乐体育专科教师。后来，他又任教于北京艺术专门学校音乐系。

到了高等学府任教，可不比在中学当音乐教师。刘天华深知要给学生一杯水，教师必须要有一桶水的道理，除了积极从民间采集优秀的音乐素材之外，还博采中西乐之长，特别是学习与二胡有相似处的小提琴的演奏技巧，使二胡的演奏技巧有了巨大发展，成为一种可以独立演奏的主奏乐器。

但是，在当时，刘天华改革民乐，并把它引入课堂的举动，立刻遭到左右夹攻。西洋派音乐家认为二胡是贩夫走卒、烟花女子手中的玩物，简直不登大雅之堂；国粹派却指责刘天华以西乐改造民乐，有失古乐的精粹。但刘天华却一如既往。

刘天华遭到的阻难决不仅仅如此。1927年，张作霖借整改学风之名，公然解散艺专的音乐系，封查了北大的音乐传习所。刘天华从精神上、事业上遇到了严重的打击，但他没有放弃，毅然成立了国乐改进社，出版《音乐杂志》，继续为民乐事业奋斗。

张作霖被赶出了北京后，刘天华立即努力恢复各类音乐系科，并提出要将各系科归并为国立音乐学院。可惜1932年，理想还没有实现，年仅37岁的他就因病去世了。

·不可有傲态，不可无傲骨·

徐悲鸿（1895—1953年），现代杰出画家、美术教育家，江苏宜兴人。1919年赴法国留学，1927年回国，先后任上海南国艺术学院美术系主任、中央大学艺术系教授、北京艺术学院院长。1933年起在苏、法、德、比利时等国举办中国画展。抗战期间，将画款救济祖国难民，并参加民主运动。新中国成立后，任中央美术学院院长、中华全国美术工作者协会主席。

徐悲鸿以画马著称，对中国画和西洋画，造诣都很深。他不仅画艺出众，品德也很高尚。

抗日战争胜利前后，国民党反动派一面竭力想摘胜利果实，一面想借这机会消灭共产党。1945年年初，国统区的民主运动达到了高潮。2月22日，重庆《新华日报》上刊登了一篇名叫《文化界对时局进言》的文章，上面有312个人的签名。名单中赫然有名画家徐悲鸿的大名。

这篇文章表达了当时文艺界的进步力量反对独裁、争取民主自由的强烈愿望。文章要求国民党废除一党专政，成立联合政府。

文章一发表，得到了全国广大人民的拥护和支持。

这天下午，徐悲鸿正在家里画画，忽然来报说有一个年轻人想见见徐先生。徐悲鸿以为是爱好绘画的青年，就放下画笔出来见他。

只见这人约莫20挂零，长得贼眉鼠眼，一套中国式衣衫，却戴一顶黑色呢帽。他一进门，就脱下帽子，朝着徐悲鸿恭恭敬敬行了个鞠躬礼，道："久仰先生大名，今日得见，三生有幸。"

徐悲鸿不知他的底细，只好请他坐下，奉上茶，客客气气道：

"不知先生光临寒舍，有什么见教？"

这青年假笑着道："兄弟从小也热爱图画，先生的大作是常常看的。可惜一直忙于俗务，没有时间向先生讨教。将来若有机会，还望先生多多赐教。"

徐悲鸿见他说话不三不四，心里已经不高兴，道："是吗？尊驾既然爱画，自然与我是同行了。不知今天带了大作来没有？"

那青年连说："不敢，不敢，兄弟哪里敢班门弄斧。兄弟今天来是受人之托，与先生商量一件事的。"

徐悲鸿皱起了眉头，道："原来如此，有话请讲。"

那人道："不知先生平日读不读重庆的《新华日报》？"

"这报我是天天读的，先生有何赐教？"

那人道："近日这张报纸上胡说八道，登了一则进言什么的，蒋委员长看了大为震怒，非常光火。我看苗头有点不正。这则进言的后面签着许多人的名字，这些名字怕会被追查的。这件事看来不好办啊。"

徐悲鸿道："这事不必先生费心，他们既然一一签了名，自然早有思想准备，有事起来，他们一人做事一人当，何必皇帝不急太监急？"

那人涨红了脸道："这个，这个……只是近几天已经有人在《中央日报》上登报声明，说这是被人盗了名的。不信，先生请看！"

他从纸袋里掏出一份报纸，翻开了送到了徐悲鸿的眼皮底下。

徐悲鸿连手都懒得一伸，只是瞟了一眼，只见上面大标题写着《被骗签名启事》。

这类事在当时是国民党特务的小菜一碟：他们要分化进步力量，常常采取这个办法。

徐悲鸿道："即使这是事实，也是人各有志。先生的意思是什么？"

那人走近一步切切道："兄弟一向敬佩先生，是为了徐先生好。今天张道藩主任让我来，是想请先生这个，这个……"

张道藩是国民党的特务头子，能干出什么好事来？徐悲鸿一听到他的名字就气不打一处来。

　　他冷冷道："张道藩要你来干什么！"

　　那人道："张主任的意思，意思是，是想请先生表白一下，这个，这个签名也是被人骗的，登个声明什么的。这于先生是很有好处的。"

　　这话如同火一般地灼了徐悲鸿一下。这不是在收买他吗？

　　他霍地站了起来，重重一拍桌子，骂道："岂有此理！这是什么话？你与我回去！回去告诉张道藩，我徐悲鸿自己的事自己最清楚，没有半点受骗，签名是我自觉自愿的。我决不收回这个签名！"

　　那个小特务见徐悲鸿大义凛然，便像条被人踢了一脚的狗，赶紧夹着尾巴溜了回去。

　　徐悲鸿的为人证实了他平日常讲的那句话："人不可有傲态，但不可无傲骨。"

·培育新一代画家·

1927年，徐悲鸿担任中央大学教授、北京艺术学院院长。1929年，徐悲鸿应邀去参观北京举办的一个中国画展，宽敞的展览厅里一幅幅装裱精美的国画琳琅满目，有的画现代人物，有的画古代文人，也有的画山水，都生动传神。

徐悲鸿关心教育，一心想发掘新人。他并不太注意名人的画作，反倒特别注意陌生人的作品。突然他被大厅角上的几幅画吸引住了，那是画鱼虾水族的，尤其那画的几对虾儿，体若透明，须尾似动非动，笔法娴熟，十分逼真。他仔细看了看落款，那人叫齐白石。

徐悲鸿心里想："这齐白石是什么人啊？我怎么一点也不知道？不说别的，光这几幅鱼虾，就已是高手了。"

他向边上人一打听，原来这人已经60挂零年纪了，曾经当过木匠，也曾在徐悲鸿之前来北京艺术学院当过老师，当时那些留学回来的洋教师们半是出于嫉妒，半是出于瞧不起，时不时地冷嘲热讽半路出家的齐白石，他一气之下就辞职走人了。

徐悲鸿心想："我们的学校是学艺术的，艺术上有成就就得请他，谁若再冷嘲热讽，我就让这些人走人。"

几天之后，他亲自登门拜访齐白石，一走到门口，只见齐家大门上贴着一张纸条，上面大书："齐白石死了。"徐悲鸿笑道："这是余气未消，虽然不是我得罪了他，可总是学校作下的孽，是该我来承担。"他一连三次去拜访，终于感动了齐白石，答应再次进入学院任教。

齐白石来校的那天，徐悲鸿坐了车亲自去接。一年后，他作序，为齐白石出版了《齐白石画集》，从此，一位国画大师级人物出现在中国画坛上了。徐悲鸿发现尊重的人才远不止齐白石一个，还有傅抱石、关山月等。

1925年，他去上海美术大学作报告，事后去参观学生习作，发现一位名叫吴作人的学生画得一手好画。他马上约见了吴作人。吴作人稍稍有些抱怨地说："徐院长，说实话，我是听说您回国后要来这里任教，才来报考这所学校的，想不到……"

徐悲鸿马上收下他为自己的弟子，于是吴作人也高高兴兴地转学到当时徐悲鸿在的南国艺术学院里去了。

1950年，徐悲鸿在中央美术学院当院长，偶然间看到了一幅画叫《爹去打老蒋》，画得很不错，一问作者，是西北部队里在当宣传员的黄胄，他便写信去叫黄胄寄几幅画给他看看。黄胄的画寄来了，多是翩翩起舞的维吾尔族少女和活泼好动的小黑驴。徐悲鸿拍手叫好，就两次写信，将黄胄从部队调到北京民族艺术研究所。

由于徐悲鸿无私的发掘培养，这些人无一不成了大画家：黄胄的驴成了世界级的名画；傅抱石与关山月成了画界的南北泰斗；齐白石更无需多说。

·提携傅抱石·

1933年，徐悲鸿在南京中央大学担任艺术系教授。夏天，他带了学生上庐山去写生，回来的路上，途经南昌。因为这时的徐悲鸿已是名满天下，所以前来拜访的人络绎不绝。

突然饭店里的服务人员进来对徐悲鸿说："徐教授，有一个穷，穷——我也说不上是穷学生还是穷叫化子，说想见见您，教授若不见，我就将他轰出去。"

徐悲鸿皱眉头道："你们就是凭衣帽看人。快请他进来。"

进来的是一个瘦瘦高高的青年。说青年也有30上下年纪了，一袭打有补丁的长衫，腋下夹着一个青布包，不像尚在学校里读书的学生。

那人见了徐悲鸿，诚惶诚恐，深深地鞠了一个躬，结结巴巴地："学生傅抱石，从小喜爱美术，有几件我的作品想请大师法眼一看。"

徐悲鸿道："好，好。我正好有空。你不像在上学吧，在哪里高就啊？"

"说出来让大师见笑，学生在小学里当代课教师。"

傅抱石在桌子上打开布包，里面是几幅画与几枚图章，当然还有些图章的印谱。徐悲鸿拿起刻印与印谱对照着看了好一阵，看见印边上刻着"赵之谦刻"的字样，皱起眉头，道：

"赵之谦？你干吗冒充前代名家的名字？"

傅抱石一脸的惶恐，讷讷道："说来惭愧，学生是无名小卒，身后却有家小要养，不划上人家的大名，哪里卖得出去？"

徐悲鸿认真道："凭着你这么好的天赋，你干吗要低三下四地冒别人的名？再说，让人知道了名声也不好。"

他又拿起了那些画，边看边说："刻印是银钩铁划，画画是栩栩如生。你有没有从过什么名师？"

傅抱石道："我出身贫寒，从未拜过老师，正想请大师收我为徒。"

徐悲鸿道："眼下我还有些琐事未了。你家住得远吗？暂时回去，去将你家里的存画都取来我看看。"

傅抱石回到家里就像范进中了举似的，一进门就向妻子高声叫："见到了！见到了！我见到徐大师了！他还夸我来着！"

连夜，他将家里的画与所刻的印，一股脑儿取出，抱着送到徐悲鸿那儿。

第二天，适逢倾盆大雨，雨水往下乱倒，徐悲鸿走在路上，耳目口鼻一齐往里进水，眼睁不开，嘴张不开，冷气往身上直攻，头上还腾腾冒着热烟。他就是这样冒着雨赶到了傅抱石的家里。

才一进门，他就叫："好极了！好极了！太好了！你的画和刻印都好极了！你这种人，不应该被埋没。"

傅抱石慌慌张张地，像是做了亏心事似的，满脸通红，高兴得连话也说不出来。

徐悲鸿继续往下说："你应该去留学，去深造，你的前途不可限量！"

这一下，傅抱石呆住了："可，大师，我，我，我连饭米都要愁，哪来的钱留学什么的？"

"别愁。我帮助你。我一定帮助你。你就等好消息吧。"

正说着呢，一声响，大衣柜门打开了，一个穿着旧衣服的青年妇女从大衣柜里走了出来，"扑通"一声跪在地上，道："您老的恩德，我们只好来生报答了，请受我们夫妇一拜。"

徐悲鸿明白过来，原来傅抱石的妻子因为没有好衣服出来见客，竟然躲在大衣柜里了。他连忙扶起他们夫妇。

徐悲鸿从傅抱石家出来，立即去了江西省的主席熊式辉那里，要求他出钱资助傅抱石。这位熊主席正在忙着"剿共"，哪有闲钱扶植一个天才？还是徐悲鸿用自己的一幅画从他那里争取到一笔钱，这才让傅抱石去了日本。

徐悲鸿就是这样全心全意地培养人才的。

·严谨务实的教学法·

吴有训（1897—1977年）是国际闻名的物理学家，是中国近代物理学的先驱者，而且是一位杰出的教育家和科学研究的组织者。

1926年，吴有训从美国芝加哥大学获得博士学位归国，1928年，到北京清华大学任教，主讲近代物理学。从此，清华大学物理系的学生们，有了一位学术水平高、治学严谨、教学方法务实的好老师，在他的栽培下，涌现出一批物理学方面的杰出人才。

当时中国还比较闭塞，学生们对世界科学的发展情况还知之甚少。吴有训从不说自己的过去，大家都不清楚吴有训在世界科学界的地位，其实他已经是闻名世界的科学家。

1927年，诺贝尔物理奖的得主是康普顿，他就是吴有训在芝加哥大学的老师。吴有训大学毕业后，就留在康普顿的实验室工作，康普顿效应的发现，是康普顿与吴有训共同努力工作的成果，当时就被人们完整地称为"康普顿–吴有训效应"。

自己的名声不必让学生知道，科学的动态却不能不让学生清楚，只有了解世界科技发展的动态和科学进步的现状，才能跟上世界前进的步伐。因此，吴有训领导创建了我国最早的近代物理实验中心。没有实验，就没有新的发现，学生不能掌握实验手段，就算不上真正的科学人才。实验要有严谨细致的作风，吴有训在这个实验室里，培养出的一批人才，在日后取得了举世瞩目的成就，其中就有王淦昌。

王淦昌1907年出生在中医世家，1925年成为清华大学首届大学生，是学校著名的尖子生。自从听了吴有训老师的课，他觉得眼界顿开。实验又是他最爱的课，所以，在吴老师的指导下，他学会了实验方法，操作起来严谨麻利，深得吴有训青睐。

不仅在实验室里，在一般理论课上，吴有训也能化繁为简，化难为易，做好每一个演示实验。他讲"振动与共振"，就在课堂上拉一根长绳，等距离垂下系着电池的几根短电线，就变成了标准的实验仪器。只用了最简单的材料，便非常直观地揭示出简单的共振现象。吴有训知道中国比较穷，无法拥有先进的教学仪器，他这样做，就是在学生面前树立一个普及科学的榜样。

最为独特的教学方法，还在于以实验报告代替毕业论文。吴有训对王淦昌特别关注，早就想好了一个实验题：测定清华大学周围氡气强度及变化。这次实验，吴有训自始至终帮助着王淦昌。他帮助王淦昌准备有关资料；实验设备中要有高压电源，师生一起动手，改装了一台静电发生器；整个实验中都要积累数据，吴教授都一一过目。王淦昌在实验中，遵循老师的教导，对任何一个细节都一丝不苟，具备了一位优秀科学家必备的基本素质。

论文顺利通过了，一位将有功于国家的科学家也就要诞生了。从中国决定制造原子弹那一刻开始，王淦昌就隐姓埋名，在大漠中一干就是16年，成功地领导了三次地下核试验，一次比一次先进。

严谨务实的作风，是科学人才成长的条件。这一精神也通过吴有训的学生，一代又一代地在中国科学界产生了深远的影响。

·保护学生是校长的职责·

1915年，湖南省立第一师范学校里一场"驱张运动"将那个长于当政客、短于办学校的校长张干赶走了。新校长就是京师大学堂毕业才三年的武绍程，来之前原是长沙兑泽中学的校长，年纪虽轻却以脚踏实地办教育的作风而闻名。

他一到校就已经从徐特立、王季范、杨济昌等老师口中了解到，这次"驱张运动"的学生领袖，就是毛润芝等人。毛润芝何许人？说出来大家都熟悉，他就是开创咱们新中国的毛泽东。

武校长了解到，这些人品学兼优、才华横溢，实在是将来国家的栋梁。他们发起的这场运动代表了师生心愿。于是他一到校就宣布对这些同学既往不咎。

然而，树欲静而风不止，就在学校里日趋安定、同学们已将心思集中到课堂上来的时候，武绍程校长的案头却出现了湖南省政府的一封密函，里面写着，要校方紧密配合警方，立即捉拿那个"煽动学潮、破坏社会秩序"的毛润芝。要校方将毛润芝关押在学校，不可放走了他，等待警方前来捉拿。密令里说，警方第二天来抓毛润芝。

武校长吓了一跳，紧紧皱起了眉头，他心里想："好个省政府，老百姓民不聊生，国家内忧外患，他们不管，同学们坚持正义，他们便要'捉拿归案'。我的职责是发现人才、培养人才，这样好的人，怎能轻易送进虎口？当然啰，若是我不帮省政府抓人，他们就会拿我是问，结果是谁也不能保全。我得想个两全之策才是！"

他略加思索，马上想出了一个办法：一面暗地里动员师生、员工立马四处寻找毛润芝，一面立即让人写了一张布告，宣布开除毛润芝，并将落款的日期提前了10天。写完后将布告在火上烤上一段时间，让纸张看上去又黄又旧，然后张贴在布告栏里。

第二天一早8时左右，毛润芝终于得到消息，说武校长四下里在找他。他刚一走进校长办公室，武校长一把拉起他的手，不由分说道："快走，上我家里去。"他们急急忙忙地走到学校后面校长的家里，刚刚站下，校工跑着进来报告："武校长！武校长！警察来抓人了！"

武校长将毛润芝推进家门，说声"对不起，只好等会儿向你解释了"。"嘭"的一声关上门，反锁上了，匆忙上办公室里去了。

一走进办公室，一个队长模样的警察大模大样道："武校长，咱们抓人来了，毛润芝人呢？"

武校长赔笑道："要诸位白跑一趟了。省政府的密令迟来了几天，我们早将毛润芝开除了。这会儿嘛，人也不知上哪去了。"说着，一指布告栏。

那个五大三粗的队长，半信半疑地盯着校长的脸看了好一会儿，到底没有看出什么来，只好怏怏地去布告栏里看了一阵。他大字没识几个，可是这"毛润芝"那几个字还是认识的。看到上面的日期，又见那张布告确是又黄又旧，带来的那些警察面面相觑。

武校长道："诸位既然来了，随便搜上一搜吧，也好向上面有个交代。"

警察们在教室、寝室里胡乱找了一圈，垂头丧气地走了。

·停战三分钟·

"你敢打破我的孙猴子？你赔不赔？"

"我是打破了，就是不赔，你敢怎么样？"

"你不赔我就收拾你！"

"收拾我？你？凭你？你想打我？过来啊！"

"打就打你！"

这是1985年春节前夕，发生在北京崇文区工人俱乐部门前的一幕。对手是两个10来岁的小朋友。

也真有这两个小家伙的，一个逞强，一个不让，于是拳脚相向。不到一分钟，他们的身边就已经围了好些个人。

"成什么样子？大街上打起人来了！快松手！"

"还不放开手！哪个学校的？"

"别打了！别打了！"

大家七嘴八舌的，可是这两个倔小孩牛性子上来了，就是不依不饶，才将他们拉开，他们又一下子扑了上去，活像斗鸡场上的一对斗鸡似的。

正拿他们没有办法呢，一位走路都已有点颤巍巍的老先生挂着拐杖，"嘀咯嘀咯"走了过来。他二话没说，冒着被这两个小孩推倒的危险走上前去，将自己的拐杖举将起来，朝着他们两人中间一插，嘴里大叫：

"停战三分钟！停战三分钟！我有话说！"

两个小孩兀自还不停手。

"停战三分钟，就三分钟，三分钟后，打不打随你们的便！"

这话有点新奇。一支拐杖横在中间打起架来不太利索，加上万一推倒了老先生，跌坏了他也不太好办。两个小孩果真住了手，一齐扭头看他。

啊，这是一位个儿不算高，却鹤发童颜、骨骼清奇的老公公。

只见他说："打架的同学们，请你们先等一等，让我先说几句话，说完了，你们爱打就打个痛快。"

这两位难兄难弟真的安静了下来，连围观的群众也都上前了一步。

老先生开口了："《小学生守则》里有一条，叫'爱祖国、爱人民'。你们说，有这一条吗？"两个孩子下意识地点了一下头。"这就对了。你们自己看看，你们的同学是不是人民中的一个？你们说啊？"两个小孩面面相觑，没有想到他会问这个问题。"没法儿否认吧？好了，既然是，那你们为什么要用拳头对付人民呢？嗯？"两个"人民"瞧瞧对手，看看周围，有点不知所措。"好了，我说完了。现在，你们还要打，就继续打吧！"老先生说完了真的走开了，挂着拐杖，"嘀咯嘀咯"，走自己的了。

也许是被老先生问住了，也许是感到有点难为情，也许是让人耽搁了一会儿，没了打架的劲了，两个孩子也就红着脸，不尴不尬地走了。

旁边的人说："多亏这老先生，没他，这架还真的难拆呢。"

他是谁？他就是常常在电台、电视台里给小朋友们讲故事的全国著名儿童教育家、儿童故事专家孙敬修（1901—1990年）。小朋友们干脆叫他"故事爷爷"。孙敬修当过35年的小学老师，1932年由于一个偶然的机会，他当上了故事播音员。新中国成立后，渐渐成了专职播音员，不断地为小朋友们讲故事，教育了几代人。

1987年，晚年的孙敬修还从他极其微薄的薪金中抽出了1万元，成立了"孙敬修儿童故事基金研究会"，组织了"孙敬修杯儿童故事比赛"。他著有《怎样给孩子讲故事》、《故事爷爷讲的故事》、《孙敬修演讲故事大全》等书，一辈子都在为儿童教育事业奋斗。

·眼睛上的那层黑布·

在1979年3月的某一天，龙潭派出所和龙潭办事处为失足少年举办了一次"法制教育学习班"。教室里的气氛，少了那份少年们聚在一起时常有的勃勃生气，少了少年们特有的淘气，有的是一份异样的沉默，其中夹杂着一点不服、一点抗议，甚至，一点……一点反感。

一位老人走了进来，他年纪很大了，但是精神却出奇的好。派出所里的指导员刚要将这位老人介绍给大家，这位老人却一抬手，说道："还是我来自我介绍吧。少年朋友们，你们好，我是孙敬修。"

下面有几个互递了一个眼色，他们听到过这个熟悉的名字，是"故事爷爷"吗？对，就是他！孩子们顿时来了精神。

孙敬修老师清了清嗓子，讲了起来，没有半句教训的话："今天我要讲的故事，题目叫《盲人骑瞎马，夜半临深池》。这个题目有点文言化，译成白话是：有一个瞎子，骑了一匹瞎了眼的马，走啊走啊，半夜来到了一处深渊的边上。哎？你们想不想听？"

"想听！"于是随着生动、有趣的故事情节从孙敬修老师的嘴里滔滔不绝地流淌出来，那些个失足少年们都沉浸在了故事之中：

"这时已是半夜里了，月影渐渐出现，昏沉沉地悬在暗天浮云之中，烟笼雾约，仿佛明灯之上罩着层重纱，只露出一弯模糊的白影，没有一点光辉。天边有一两点星光闪灭，也是若现还隐。马是那么瘦骨嶙峋，这边的肋骨贴着那边的肋骨，有气无力地，像随时都会倒下来。马背上骑的是一位盲人，啊，那不是真正的盲人，只是被人在眼睛上蒙上了一方黑布的人。

"丛岭杂沓，峰回路转，山石灰黑，寸草不生，真是穷山恶水，雾惨风凄，就如地狱一般。当然，这种地方是不会有一个人的，何况又在夜间。

"啊，只听见水声哗哗在响。现在那匹马已经走到了一个深渊的边上，下边是峭壁如刃，左边怪石微凸，上悬一条飞瀑，高达百丈，落到下面无底的深渊之内……"

讲到这里，孙敬修老师突然停住了，问："少年朋友们，你们说，他该怎么办呢？"

一阵紧张的沉默，一个勇敢一点的少年举起了手："太危险了，快让那个蒙着黑布的人将黑布取掉吧。"

"说得多好啊！朋友们，你们都是可爱的孩子，可是，你们也被人蒙上了黑布，并且走到了深渊的边上来了，骑的也是盲马，你们说，该怎么办？" "赶紧剥下黑布！" "赶快跳下马来。" "取下黑布，同时跳下盲马。" 孙老师微笑了："对啊，现在，你们的眼上也蒙着一层黑布，所以，你们认不出正道来，误打误撞地走到了深渊的边上来了。赶快揪掉那层黑布吧，回转还来得及呢。"

少年失足者情不自禁地鼓起掌来，这掌声是出自他们内心的。

·以身垂范，一世师表·

斯霞（1910—2004年）是我国现代教育家、特级教师。1990年荣获中国福利会幼教事业"樟树奖"。

1958年9月，江苏省教育厅决定在南师附小进行小学五年制的学制改革试验。尽管没有教学大纲和教材，她还是愉快地接受了任务。当时，她爱人和二儿子都重病住院。然而，她没有因个人私事而放松工作，爱人病危时，她还在家访，当她赶到病床前，爱人已经再也听不到她讲话了。斯霞老师是坚强的，她把失去亲人的巨大苦痛深埋心底，擦干泪痕，独自扛起培育五个子女的生活重担，又投入了紧张的工作。

斯霞老师以身垂范，堪称"一世师表"，她将自己一生的爱全部倾注到每个学生身上。

有一年深秋的一天，突然刮起了西北风，气温急剧下降，一些家长为孩子送来了衣服，可还有很多双职工子女仍然穿着单薄。下课后，斯霞回到自己家里，翻箱倒柜，把所有能穿的都拿了出来。大大小小的各种衣服虽然学生们穿上不很合身，但却温暖了一颗颗幼小的心灵。第二天，一个姓吴的女学生拿着斯霞平时穿的红毛衣还给老师，说了声谢谢就离去了。斯霞打开毛衣一看，里边还包着一个鲜红的苹果。

马上要教一年级了，在孩子们来报到前，斯老师就会拿着学生的名单，一家一家去家访，了解孩子的个性特点，有什么喜好，所以当斯老师在开学见到孩子们时，她对他们已经非常熟悉了。

她独辟蹊径，创造出"字不离词、词不离句、句不离文"的小学语文教学法，试点班学生在短短两年内认识了2000多个汉字，读了174篇课文，在当时国内小学教育界首屈一指。多家报刊登载了斯霞老师的教学经验，她成为全国知名的小学教师。她被评为全国劳动模范，两度被评为全国"三八"红旗手。

"文化大革命"期间，斯霞老师倡导的"童心"、"母爱"教育思想受到了不应有的批判，她本人也被迫离开了她所钟爱的教育岗位。十年动乱之后的1977年，她以67岁的高龄，再一次站上了南师附小的讲台，再一次奋斗在小学教育的一线。同年，南京市人民政府任命她为市教育局副局长，她坚辞不受，甘愿当一名普普通通的小学教师。

20世纪80年代起，年事已高的斯霞老师不再上课，但她经常深入到课堂听课、评课，让更多的青年教师尽快成长起来。斯霞老师70多岁时和孩子们玩老鹰捉小鸡、帮孩子们甩长绳。1986年起，她捐出自己的积蓄，设立斯霞奖学金，奖励品学兼优的学生。

1995年，85岁高龄的斯霞老师退休了，然而培养学生始终是她生命中不可或缺的部分，因此她一如既往地坚持每天到学校做她力所能及的事。退休后的很多年，90岁高龄的斯霞都坚持每天到学校看看，每年的"六一"儿童节，她要走遍学校的30间教室，看看每个孩子；后来，随着年龄的增大，斯老师的行动越来越不方便，她还是坚持每天"踱"到学校，再后来，斯老师由女儿扶着来学校。

斯霞老师不仅是一名优秀的教育家，而且是一位伟大的母亲。她的五个子女都是大学毕业，都是共产党员。斯霞老师的孙女小时候只上过一个月的南师附小，问及原因，她有点羞涩："奶奶在南师附小工作，怕我在那儿上学影响不好，就让我转学了……"由于她的严格要求和培养，在她的家人中，就有9位教师、13位共产党员，他们都是所在单位的先进工作者、优秀党员。1991年，斯霞老师全家被授予"全国优秀教育世家"称号。

从1927年杭州女子师范学校毕业，开始教师生涯，斯霞老师竭尽毕生心血，68年如一日地教书育人，无论是顺境还是逆境，无论是荣誉还是屈辱，她总是淡薄名利，一往无前。她披肝沥胆，勤于思考、乐于实践，善于总结，教育教学如春风化雨，无愧于"杰出的教育实践家"和"伟大的教育艺术家"称号。

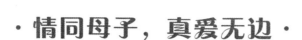

·情同母子，真爱无边·

霍懋征（1921—2010年）是共和国首批特级教师，1956年被评为中国现代百名教育家之一，因霍懋征为中国教育事业作出了卓越的贡献，被周恩来总理称为"国宝"，是教育界享有盛名的"一代师表"。

霍懋征老师于1943年北京师范大学毕业后，放弃留校任教机会，到北京师范大学第二附属小学（即今北京第二实验小学）任教。从教60多年来，她有多次机会离开学校，但她始终没有离开过讲台，没有离开小学教师的岗位。在霍老师的心中，做小学教师是世界上最光荣、最幸福的人。

霍老师认为：当一名教师，最重要的素质是敬业精神、责任心和爱心。这是搞好教育教学工作最根本的一点，没有爱就没有教育。

爱的教育是实实在在、真真切切的感情付出和行为实践。霍老师工作的年代，很长时间是以阶级出身来划分人的，能做到一视同仁，以有教无类的思想去教育每一个学生很不容易，尤其在霍老师任教的北京第二实验小学——一所高干子弟和普通市民孩子兼收的学校。几十年中，霍老师做班主任，绝无偏爱和歧视。无论是对国家领导人的子女，还是对普通老百姓，甚至"右派分子"的孩子，都从不偏袒。爱心加真心，霍老师一直慈母般地呵护着每一个孩子的成长。60年中，她带的学生没有一个掉队。

有个街道工厂女工的孩子，叫何永山，平时家里没有人照顾，孩子比较调皮。他根本不想学习，留了两次级，哪个教师都不愿教他，外宾来校参观时教师把他藏起来，怕他胡闹。搅得没办法了，校长决定把他送工读学校。霍老师听说了立即去找校长，要求把他转到自己的班上。

校长说："不行，你那是优秀班集体，他要是去了，会一马勺坏一锅汤。"

霍老师说："没事，他虽然现在表现不好，但他今后还有很长的路要走，送工读会影响他的一生，您就把他交给我吧。"就这样愣把何永山要过来了。同时，霍老师给全班同学做工作，不能歧视他、笑话他。霍老师先观察他有什么优点。这个男孩比别的学生大两岁，有劲。于是霍老师说："小永啊，我想请你帮我做一件事。从学校校门到东楼这一片，是咱们班的卫生责任地段。请你带着我，再带两个同学来负责咱们班责任地段的卫生，你来当组长好吗？"永山一听特高兴，可当"官"了。于是，他每天早上都和大家一块扫地，干得很认真。从这儿开始，师生间的关系拉近了。

他看霍老师腰不好，扫一会儿直一下腰。有一天他给霍老师找来一把长把扫帚，说："拿这个扫可以不弯腰。"霍老师心里感叹：这个看上去挺粗的孩子，不仅能细心地发现老师的病痛，还挺会关心人呢！

有一天他没来上学，午饭后霍老帅立即到他家，发现他正感冒发烧，还没吃饭。霍老师赶快回校给他买了份饭，又带着校医去给他打针、吃药。

安排他吃了饭，霍老师就到工厂跟他妈妈商量，中午能不能让他跟别的同学一样，在食堂包饭。他妈妈说："霍老师，不瞒您说，我们没有这个条件。"霍老师说："那你甭管了。"第二天，霍老师就给他包了饭，还让他当"饭长"，跟食堂阿姨和另两个同学把饭从地下室抬上来，给大家分饭。永山分饭很公平。他这样为大家服务，又拉近了他和同学的关系。他不再胡闹了，大家也接受了他。

很快"文化大革命"来了，因为出身好，他当了红卫兵，而霍老师却被打成了"反动学术权威"，被看押了起来。但几乎每次批斗会只要小永在场，他都会暗中保护他的霍老师少挨许多打。外地红卫兵来学校打砸抢、打老师时，他都挺身出来，保护学校、保护老师。

更令霍老师感动的是唐山大地震时，震后的第二天上午，霍老师正在屋里收拾东西，突然耳边传来小永的声音："霍老师，我叫了个朋友给您搭防震棚来了！"……

许多年过去了，一天，霍老师突然接到一个电话："娘啊，娘，我的亲娘啊，您答应一声！我找了您十几年了。"霍老师说："请问你贵姓？""我姓何。""噢，你是小永吧？""是啊，我可找到您了！"原来永山的工厂搬到外地，后来霍老师也搬了家，他们失去了联系。电话里他颤声说："您是我的亲娘，没有您就没有我的今天。"这时他已经50多岁了，是个即将退休的技术员。

这以后，他带着爱人、孩子来看霍老师，还经常跟霍老师通电话，问寒问暖，如同母子一般。

·拉住孩子的手·

于漪（1929— ）曾任上海市杨浦中学语文教师、校长，全国著名特级教师。

这天下午，已经退休多年的于漪的家中来了两位陌生的客人——黄女士和她的儿子小伟。事情是这样的：

小伟本来学习不错，但后来迷上了电脑游戏，初三毕业没考上高中，复读了一年。上高中后，小伟的网瘾更大了，常常一放学就扑进网吧，玩到很晚，经常彻夜不归，还为此旷课。这次期中考试他六门功课除语文外，又都不及格。

黄女士说起儿子，她忍不住流下了眼泪。几年来，她和网吧进行着一场"夺子之战"。她想尽了一切办法，依然是个失败者。她感到网吧如同一个黑洞，正一点一点吞噬着自己的儿子。心力交瘁的黄女士问于漪老师：有没有办法把孩子拉出"黑洞"？

平时，去网吧找儿子是黄女士的家常便饭。她对附近十多家网吧都很熟。儿子一整夜不回来，她就找上一整夜。有一天夜里下大雨，她从自行车上摔下来摔伤了脚。每当走进一间间网吧，她的心都像被针扎了一样，那里黑压压的几乎全是小伟那么大的中学生。

75岁的于老师听后很为孩子们揪心。她深有感触地说："可怜天下父母心。网络游戏的'魔力'非同寻常，连有的大学生都无法抗拒。有个学生从外地考进上海一所大学后，迷上网络游戏，荒废了学业。母亲只好从老家来上海看着他，上课、下课都陪着他。"她表示，关心未成年人的成长，全社会都有责任，她作为一个教育工作者，愿意尽自己的力量帮助他们。

"小伟，网吧最吸引你的是什么？"望着于老师慈祥的笑脸，一直沉默着的小伟说出了心里话："网络游戏同时有几千个人一起打，很有意思。我玩的级别比较高，别人很尊敬我。还有，我学习不好，心里常常很郁闷，有些话没地方说，网上有很多朋友，你一上线，他们就亲热地跟你说话。"

于漪分析，小伟在网络游戏中得到了在学校里没能获得的自信，另外，正在成长中的他渴望温情和关爱，于是就到虚拟空间去寻找，这都可以理解。她告诉小伟：网络游戏是一把"双刃剑"，不是不能玩，关键是掌握一个度，要懂得自律。人最大的敌人是自己，一定要管住自己。

通过攀谈，她对小伟有了了解。于漪转向黄女士："不要一个劲地责怪孩子，要看到孩子的闪光点。其实，小伟并非一无是处。他喜欢写作，还发表过一篇关于电脑游戏的文章。"黄女士若有所悟地点点头。于漪很高兴地鼓励他，用学语文的劲头来学其他科目，并为他制定了学习计划：在这学期剩下的一个多月里争取把英语和化学考及格，暑假再把数学和物理补上去。

如何培养意志力，如何在书本中找乐趣，如何对待挫折……时间飞快地过去，于漪和小伟越谈越融洽。临别时，于漪老师拿出两本中学生作文读物送给小伟，并和他约定，做一对"忘年交"，经常交流。"真的吗？"小伟不相信自己的耳朵。"真的，我愿意做你的朋友！"听得此言，小伟心里感到一阵温暖，眼里闪出了亮光。

这之后，在跟于老师的交往过程中，小伟常常感受到理解、关心和鼓励，他很快摆脱了网瘾，成绩逐渐提高，重新找回了自信。

于漪老师的行动给我们以启示。正如她说的那样："没有教育不好的学生。"未成年人可塑性很强，学校和社会对这些暂时掉队的孩子少一些冷眼，多给些温暖和鼓励，拉住他们的手，落入"黑洞"的孩子会少些。

·坚持就是美德·

　　苏格拉底（前469—前399年），著名的古希腊思想家、哲学家、教育家。他的学生中，各种各样的人都有。年纪大的早过了40岁，年纪轻的才20出头。贵族、农夫、城市自由民都可以到苏格拉底身边，随时随地，自由自在聆听他的教诲。

　　一天下午，几十名学生聚坐在一起，听着苏格拉底讲课。等苏格拉底讲完，一位学生忍不住开口问："老师，您是位哲学大师，我们跟您学了这么多年，什么时候也能成为像您这样的哲学家呢？"

　　苏格拉底像往日一般，到学生们中间转了一圈，瞧着他们热切盼望着的脸，笑了笑说："这容易。我63岁了，每天都要做同一个动作。"说着把双手伸向天空，吸了口气，又收回到腰间，接着说："每日坚持做100个这样的动作，10年之后，就能成为哲学家了。"

　　散坐一地的学生听了，面面相觑半晌，谁都说不出一句话。他们虽然半信半疑，但是出于对老师的崇敬，从这天开始，在树林间，在小道上，处处可以看到苏格拉底的学生们，他们都在做老师传授的动作，谁都不敢马虎。

　　两个月很快过去了。那天，学生们又聚集到那块地方。苏格拉底讲完课，突然问起来："上次我教给大家的动作，你们是不是每天还在做？"

　　"我们都在做！"学生们异口同声回答。苏格拉底发现，只有几个学生低下了脑袋，在这么多听话的同学面前，实在感到颜面无光。苏格拉底并没批评他们。

　　又过了两个月，苏格拉底又问起同样一个问题来。这一次，人群之中，倒有一半人没敢应声。和上次不同的是，没坚持做那个动作的人，并没有露出羞愧的神色。那个动作只不过能练练胳膊，再做下去又有什么用？

等到六个月后，能坚持的只剩下两成了。那些没再继续的学生，发出嗤嗤的笑声，笑得坚持的人反而很不好意思，低下了脑袋，仿佛做错了什么事似的。

一年之后，苏格拉底第六次问到同一个问题："你们当中，有谁还坚持做我传授的动作，而且每天坚持做完100次？"这次，在场的学生一听，都哈哈地笑出声来。本来嘛，哪里会有这么轻而易举成为哲学家的法术，老师的话恐怕只是一句玩笑。我们这些人哪，居然还当了真，练了那么长一段时间！

"我！"人群的后边，有一位20刚出头的年轻学生举起了手，"我一直照老师吩咐的在做。"在场的其他人听了，憋不住一起笑起来。

苏格拉底没笑，也不管其他人，继续问："你为什么要继续练习下去？"

"老师，"青年人一本正经地回答，"您一直教导我们，培养美德是每一个公民的职责，我们的社会应该是个充溢美德的社会。我觉得，坚持不懈就是美德。老师一再问我们，是在考查我们是不是培养出了坚持不懈的美德。"听了这话，苏格拉底脸上露出了微笑。而那位坚持了一年的年轻人叫柏拉图。苏格拉底去世后，柏拉图成为全希腊最著名的哲学大师。

·希波克拉底誓言·

希波克拉底（约前460—约前377年），号称"西方医学之父"的古代希腊名医，医学界的著名教育家。

那是一个严寒的冬天，希波克拉底带着自己的儿子、女婿，经过希腊的一处农庄。他的儿子和女婿也是他的医学学校的学生，希波克拉底每到一处，总结合实际病例，把自己的医药知识和医疗经验传授给他们。

在农庄外边，有一口水井。希波克拉底他们看到了惊人的一幕：三个大汉正围住一个孩子忙碌着。一个人抱住男孩，一个人从井里打水，第三个则把冷水往孩子身上浇。

"你们在这干什么？"希波克拉底问。那三个人没停下手来，一边忙着一边回答说，他们这是在给孩子治病呢。这孩子浑身滚烫，请来的医生说，给孩子浇上冷水能够降温，这孩子才有救。

真胡闹！希波克拉底赶紧上前，摸了摸孩子的脑门，再翻开他的眼皮瞧了瞧，生气地说："不行，你们这样会把他害死的！"他急忙把儿子和女婿叫上前，对孩子进行急救。

那三个人被希波克拉底厉声的斥责吓坏了，七手八脚帮着把孩子放到一个避风的地方把孩子身上擦干，再用毛巾蘸了酒，摩擦孩子的四肢。等孩子四肢擦得泛红了，才让三个人带着一同找到了孩子的父母。

在孩子家里，希波克拉底看到，孩子的父母正在款待一位医生打扮的人。那人刚才还趾高气扬，见希波克拉底他们进屋，认出他便是全希腊最著名的圣医，立即吓得站立在一边，一脸的尴尬，一句话也说不出来。

希波克拉底扫了他一眼，径直替孩子治起病来。他俯身把耳朵贴在孩子胸口，听了听孩子的心音，这才舒了口气，叫儿子打开随身携带的药箱，给孩子灌下退烧药。

等这一切都做完了，希波克拉底才回过头对孩子父母说，孩子已经脱离险境，没有生命之忧。只要按时服用留下的药，细心照顾，孩子不久就会痊愈。交代完毕，希波克拉底回头对站在一旁的那位医生说："这儿没你的事了，你跟我们一同走吧。"来到屋外，希波克拉底立即沉下脸来，严厉地斥责那人说："你为什么用那么荒谬的办法治病？你难道连孩子发烧也不会治吗？幸亏孩子的病本来不重，万一因为你的办法耽误了医治，你负得起责任吗？"

那位医生低下脑袋，结结巴巴吐出了真情："我只是、只是想让孩子的病变得重一点，再把他治好，显一显自己的本领。也好、也好向孩子的父母多讨一点……那个医药费。"他的声音越来越低，到最后变得像蚊子叫。

"卑鄙！可耻！"希波克拉底愤怒地提高了嗓门，"想不到医生里会出现像你这样的人，今后给我查到你再犯，一定让医生行会开除了你，你信不信？"那位缺了德的医生连声说"信，信"，一溜烟逃走了。

希波克拉底回头对儿子和女婿说："我过去以为，要医好别人的病，最要紧的是靠高明的医术。今天的事告诉我，一个医生的医术再高明，没有医德，无论如何是不会真正为病人服务的。"希波克拉底越说越沉痛："如果对医生行业的道德败坏听之任之，病人的生命怎样才能得到保障！"

回到医学学校，希波克拉底把自己关在屋里，写了一份医生必须遵守的道德规范。"我以阿波罗及诸神的名义宣誓：我要恪守誓约，矢志不渝……我要竭尽全力，采取我认为有利于病人的医疗措施，不给病人带来痛苦与危害……我要清清白白地行医和生活……"这就是著名的"希波克拉底誓言"。从此，医学院每个毕业生，都要举起右手，宣读誓词后，才能成为一名真正的医生。

·医学之父斗僧侣·

古代希腊的科斯岛靠近中亚细亚的土耳其，是地中海东部一个风光旖旎的小岛。这一天，科斯岛的人们奔走相告：医学学校的希波克拉底医生，带着他的学生们来了，有病的快去，他们给人看病，是从来不收钱的，有时还会免费给药，这个机会可绝对不能放过呀。于是，人们纷纷涌上大街。

当希波克拉底和他的学生们走到一处街头的空地上时，看见地上躺着个人，那人口吐白沫，手脚痉挛，昏迷不醒。病人的身旁，有一个僧侣正在作法。只见他手舞足蹈，口里念念有词。仔细听去，知道他在驱逐魔鬼。念了好大一会儿，僧侣停了下来，指着希波克拉底身旁两位学生，大声命令："你，你！过来。快把这个中了邪的汉子抬到神庙去。只有神才能让他摆脱魔鬼的纠缠。"

希波克拉底的学生望望老师，老师却讳莫如深地微笑着。那两个学生当然明白老师的意思：根本没有什么神的惩罚，医生凭着自己的知识和经验，完全可以根据病情，把病治愈。那个僧侣见希波克拉底的学生不听自己的吩咐，立即三步并作两步，就要上前自己动手。

"慢！"希波克拉底突然喊，"不能动他，否则，他这病轻则残了手脚，重的还会丧命！"希波克拉底一言既出，周围的人都议论纷纷起来，他的学生议论得更加热烈，研究着该如何去医治。

热烈的议论让僧侣火冒三丈，这老头太大胆了，竟敢跟自己唱起对台戏来，周围的人显然只相信他，不相信神。他气急败坏地喊："这个人是中邪啦！只有神才能救他。你这老头敢从中作梗，就不怕神降罪于你，把他的病移到你身上？"

希波克拉底根本不管僧侣的咆哮，回头对学生队伍里自己的儿子和女婿问道："你们两个知道，这人害的是什么病吗？"那两人相对瞧了一下，一齐摇了摇头。"这人患的是一种癫痫病，是大脑里有毛病引起的。这种病经常会发作，发作的时候，千万不能搬动他，以免引起并发症。"说着走上前去，仔细观察了患者，取出自己的手帕，擦干净那人口边的白沫，便退回自己原先的位置，静静等候起来。僧侣还想大骂大闹，但是四周的人却都凝神屏息，盯紧着病人，他也只得憋着一肚子气，站在一旁瞧着。

　　过了好一会儿，地上那人手脚抽动了一下，呻吟了一声，显然醒了过来，四周发出一阵欢呼。这时候，希波克拉底却忙碌起来，指导自己的学生抢救病人。学生们一个个边动手边默默记忆着老师的指导。

　　那个刚才还气焰嚣张的僧侣，知道自己彻底输了，只得灰溜溜挤出了围观的人群。

·教育家的胸怀·

沃尔夫（1686—1756年），德国著名的科学家，沃尔夫实验室的导师。

1736年9月，德国马尔堡大学的沃尔夫实验室来了三位俄国留学生，他们远道而来，是为了学习先进的冶金化学知识。这里是他们留学的第一站，在这里，他们将学到数学、物理和化学的基础知识，再去弗赖堡当冶金专家亨得尔教授的学生。

沃尔夫实验室不愧是当时最先进的科学实验室。三位俄国留学生走进实验室，立刻被桌上五花八门的仪器吸引住了，那些最先进的仪器，他们真是见所未见、闻所未闻。他们左顾右盼，不知道先瞧哪一件才好。其中年龄二十五六岁的一位，把脑袋伸近一架复杂的玻璃器皿，好不容易才忍住，没有伸手去抚摸。

沃尔夫教授还没到，他的助手为了表示礼貌，便和远道来客攀谈着："亲爱的俄国同行，马尔堡大学曾经派人去彼得堡讲神学，不知各位对他的课有什么高见？"那话的意思，除了消磨时光，当然还想收回一点恭维。

"这些实验仪器确实先进。"那位最年轻的俄国学生的回答却让人下不了台，"可是，我们来学的是基础知识。假如忽视了基础，特别是数学知识，那将一事无成，因为数学才是解释一切自然学的重要尺码。"停了一会儿，又说："至于你说的那位神学教授，请恕我直言，我实在不敢过分恭维。"

那位实验室的助手万万没想到会面对这么尖锐的批评，正尴尬得无言以对，这时候，实验室门口却传来沃尔夫教授爽朗的笑声："说得好，年轻人。你的话确实很有道理，请告诉我尊姓大名。"原来，那位年轻人就是俄国彼得堡科学院二年级高才生，他叫罗蒙诺索夫。

也许第一次见面，罗蒙诺索夫就给了沃尔夫教授深刻的印象，所以在以后的日子里，沃尔夫教授对他更加关心，罗蒙诺索夫成了教授家中的常客。俄国留学生的生活是清苦的，有时候连生活费也不能按时汇到马尔堡。罗蒙诺索夫不得不瞒着沃尔夫教授，偷偷向德国同学借点钱。可是沃尔夫教授每次总能够知道，替他还清了借款。

尽管这是一对形同父子的师生，他们之间也会发生争论。沃尔夫撰写的《自然界推论》一书，一向被学术界奉为权威著作，现在却成了罗蒙诺素夫与沃尔夫争论的焦点。沃尔夫认为，世界万物的产生和存在，是为了适应人类的需要，而罗蒙诺索夫却认为大自然是客观的存在，不因人们的意志而转移；沃尔夫认为燃烧是因为有"燃素"存在，罗蒙诺索夫却否定有"燃素"存在。师生间争论没有结果，罗蒙诺索夫就写文章与恩师商榷，那些商榷文章，有的还公开发表在马尔堡大学的校刊上。周围的人对罗蒙诺索夫的胆大妄为十分不解，有人还当面斥责他"忘恩负义"。

好多人到自己敬爱的教授面前表忠心，还说了好多罗蒙诺索夫的坏话。沃尔夫教授却不为所动，说："教育不仅要把知识传授给学生，还应该培养有独立人格的人。否则，学生们个个唯唯诺诺，哪里会有科学的进步。平等待人是教育贤才的好方法，我为什么不这样做？"

"何况，"沃尔夫教授接着说，"那几篇文章是我推荐给校刊编辑部，让他们公开发表的。"他的话中止了针对罗蒙诺索夫的种种流言飞语，也使人更加佩服沃尔夫教授。他正确的教育方法，他的大度胸襟，赢得了学生们的尊敬。

·不学习，毋宁死·

被世人誉为"俄国科学始祖"的罗蒙诺索夫是个博学多才的人，然而他的童年生活却非常贫困、艰辛。他8岁时，母亲就死了，他只好跟着父亲出海打鱼。每天行驶在惊涛骇浪的大海上，海的博大奥秘培养了他坚毅顽强的性格，也开启了他好奇好学的强烈求知欲望。面对迷人的海洋，他仿佛走进了一个奇异的、梦幻般的世界：为什么海鸥往哪里飞，哪里就有鱼群？黑暗的夜晚，北方的天空为什么会出现五彩缤纷的光带？潮水为什么每天涨两次……

神奇的大自然撞击着他幼小的心灵，他渴望知识，渴望去了解它们。但是，那时的俄国农村愚昧落后，识字的人极少。为了能学到有趣的知识，他时常和父亲驾驶着渔船，在海上漂荡。变化不定的风暴冲击着他们的小船，在这大自然的荡涤中，在这所游动的"学校"里，罗蒙诺索夫学到了许多知识，而且也变得坚强起来。父亲曾经指着大海对他说："人生就像海洋一样，一会儿把你抛到浪尖，一会儿又把你摔进浪谷。如果你不比它更顽强，你就会被它消灭！"看着父亲站立在船头的坚毅背影，年幼的罗蒙诺索夫仿佛懂得了许多。他决心用自己的力量掌握命运，握住属于他的一切。强烈的好奇心使他渴求一切知识。为了获得知识，他懂得了自学。在那艰苦的生活环境里，他的所有知识都是通过自学掌握的。

一次，罗蒙诺索夫看到邻居舒布诺伊拿着一本《圣经》在读，就睁大眼睛问这是什么东西。舒布诺伊告诉他，把书上的一个个字母拼到一起就能读出音来，这里有无穷的知识。从此，他喜爱上了《圣经》。一有空儿，他就跑到邻居家里学识字，从一个个陌生的字母开始，他学会了单词、句子，还渐渐地能读出每一个段落来。开始学的时候，他读得结结巴巴，后来就越来越流畅了，而且还讲得出每一章都说了些什么。凭着顽强的毅力和好学的精神，他硬是把厚厚的一本《圣经》啃了下来。

为了读书，小罗蒙诺索夫吃了许多苦头。罗蒙诺索夫的后母是个凶狠毒辣的女人，她整天呵斥着还是孩子的罗蒙诺索夫下地干活，不让他有丝毫的空闲，更不让他读书。每当后母看到他拿起书本，就会暴跳如雷，像凶狠的老鹰扑向猎物一样扑过去，把书抢过来摔在地上。有时，后母甚至会把他借来的书撕个稀巴烂，踩在脚底下。没办法，他只好等到深夜家里人都睡熟之后，一个人偷偷地躲到屋后一间小破木棚子里看书。虽然这间小木棚漏雨、透风，还散发着令人窒息的霉味儿，但对渴求知识的罗蒙诺索夫来说，却是一个充满乐趣的地方。

他勤奋地读呀、写呀，仿佛生活已给他增添了无穷的希望。爱书，爱知识，爱学习是罗蒙诺索夫获得成功的重要原因。

有一次，他和父亲出海打鱼遇到大风浪，凭着聪明才智和勇敢精神，他冒着生命危险爬上高高的桅杆放下帆篷，避免了一场船翻人亡的事故。为了奖励他，父亲提出要给他买一件鹿皮衣。鹿皮衣是罗蒙诺索夫梦寐以求的礼物，可他还是摇了摇头，说："我不要鹿皮衣，我要一本书，要一本什么知识都有的书。比如，为什么天上的星星不会掉下来？为什么黑夜过去就是黎明？"

几年后，罗蒙诺索夫长成一个小伙子了。在同伴中，他已经是个很有知识、很有远见的人。有一天，他随父亲到邻村一个名叫杜金的人家里。在杜金家，他被书架上的两本书吸引住了。这两本书是《算术》和《语法》。他顿时如获至宝，小心翼翼地捧在手里贪婪地读起来。罗蒙诺索夫发现，这两本书里不仅有演算规则、语法修辞，而且还涉及物理学、几何学、航海学和天文学。看着看着，他觉得好似一股清风吹进了心窝里："啊，世界上还有这么多闻所未闻的知识！我要学习，要了解书中所讲到的一切！"

　　父亲催他回家了，可他还是聚精会神地读着、翻着，爱不释手。临走时，他跟杜金商量，想用鹿皮衣和一本旧《圣经》换取那本《算术》。杜金不同意，他说他想得到一头小海象。为了得到这本梦寐以求的《算术》，罗蒙诺索夫点头答应了这个苛刻的条件。为此，他到一个商人那里干了整整40天活儿，换得了一头小海象。然后，他兴高采烈地用小海象换来了那本《算术》。

　　有了这本好书，罗蒙诺索夫没日没夜地读了起来。在船上读，岸上读；家里读，走路也读。从这本书中，他学到了许多东西。有不懂的地方，他就记下来，找时间向别人请教。

　　可没过几天，杜金的小兄弟就把那头小海象折磨死了。他们竟无理地提出要罗蒙诺索夫还书，罗蒙诺索夫当然不肯。他们便威胁说："你要那本书可以，就看你有没有胆量在坟地上过一夜。"山冈上那片坟地埋着一个巫师，人们一说起他便毛骨悚然。据说这个巫师常在夜间显灵，吓得人晚上都不敢从那里经过。杜金兄弟俩本想靠这个花招儿吓住罗蒙诺索夫，让他乖乖地把书给交回来，谁想罗蒙诺索夫却一口答应了。从小在惊涛骇浪中练就了一身勇气与胆量的他，毫不胆怯地到那块坟地上去过了一夜。看着罗蒙诺索夫果真如此勇敢、如此坚决，杜金兄弟俩无话可说，不敢再胡搅蛮缠了。

　　强烈的求知欲，驱使罗蒙诺索夫在19岁的时候便离开了故乡，到莫斯科去求学。他怕他的父亲不让他走，在一个北风呼啸着的寒夜，趁家里的人都睡着时，穿着两件单薄的衬衫和一件光板的皮袄，偷偷地离开了家。由于身边仅有3个卢布，他不得不冒着严寒，从故乡一直步行到遥远的莫斯科！

　　经过了长途跋涉，1731年1月初，罗蒙诺索夫终于来到了盼望已久的莫斯科。在遭到一所贵族学校的拒绝后，罗蒙诺索夫冒充贵族子弟，进入斯拉夫-希腊-拉丁学院。

　　在这里，罗蒙诺索夫第一次走进了图书馆，看到那么多的书，他简直像一个饿汉闯进一个放满白面包的厨房里，贪婪地读了起来。他不顾生活条件的艰苦，无视贵族子弟的歧视，以惊人的勤奋和顽强的精神学习着，不久就成为该学院成绩最优异的学生。在一年时间里，就学完了三年的课程。

　　凭着这种惊人的勇敢、顽强的性格和求知好学的精神，罗蒙诺索夫自学了物理、化学、地理、历史和文学，从一个渔民的儿子成为举世闻名的"俄国科学始祖"。凭着一股百折不挠的毅力求知自学，使罗蒙诺索夫走上了成功之路。他曾说过一句响亮有力的话："对我来说，不学习，毋宁死！"这句话已经成为并将永远成为有志自学者的座右铭。

·院士艰难办学·

罗蒙诺索夫（1711—1765年），俄罗斯科学之父，教育家，莫斯科大学的创办人，第一任校长。

罗蒙诺索夫成为俄罗斯科学院院士后，立即把注意力转向教育界。幸好宫廷中有些有远见的大臣们一直支持着罗蒙诺索夫，不久，在莫斯科建立新的大学的计划，得到了批准。

罗蒙诺索夫兴高采烈地应召来见主管教育的大臣。那人以前还是支持罗蒙诺索夫的，这次却有些两样。他取下夹在鼻梁上的眼镜，皱着眉头说："院士阁下，您该知道，皇帝陛下建立莫斯科大学的本意，是为帝国贵族子弟们创造成功的机会。学生嘛，当然应该从他们中间选拔。"

把平民子弟拒之门外？想到自己走过的路，罗蒙诺索夫断然回答："在大学，成绩好的学生才值得尊敬。至于他是谁的孩子，那并不重要。"在他据理力争下，大臣终于答应成立两所中学，其中一所专收平民子弟，两所中学各不相干，向莫斯科大学提供生源。罗蒙诺索夫终于替像自己这样的平民的孩子，争取到一点平等的教育权利。

紧接着，种种麻烦接踵而至。许多人都想到莫斯科大学谋一个高位。有一天，东正教的一位主教找上门来，问能不能在新的大学里，替自己和其他神职人员，安排几个神学系的教职。在他看来，莫斯科大学和欧洲其他大学一样，神学一定会成为最重要的一个系科。

罗蒙诺索夫跟他想的可不一样。他在德国留学期间，接触了西欧各国的民主思想，他认为发展科学事业，才是最重要的，他根本没想在自己的大学里开设神学系。

"哎呀，主教大人。"罗蒙诺索夫为难地说，"莫斯科大学刚刚筹建，经费那么困难，恐怕只能开设几个必要的系科。我们打算先办哲学系、法律系和医学系。您看，您想不想在哲学系担任一个教职？"碰了一鼻子灰的神职人员只得灰溜溜离开了。

罗蒙诺索夫坚持自己的主张，使得莫斯科大学以一种全新的面貌出现，改变了俄罗斯教育的状况。但他依旧没有满足，继续改革大学教育的陈规陋习。这一次，他瞄准了拉丁文。拉丁文是一种已经死亡的古老文字，但是只有科学界还在用。欧洲的许多大学里，还普遍采用拉丁文讲课。学生必须学会了拉丁文才能上大学，这显然是一种浪费。罗蒙诺索夫大声疾呼，废除拉丁文讲课的制度，用自己的民族语言——俄语上课。这种改革当然是正确的，但是阻力也更大，好多习惯用拉丁文的教授放不下架子，不肯按罗蒙诺索夫倡议的去做。

罗蒙诺索夫一直坚持这一主张。1767年，罗蒙诺索夫逝世后两年，莫斯科大学终于全面贯彻了他的主张，开始用俄语作为教学语言。罗蒙诺索夫的教育方针又取得了新的胜利。

·圣皮埃尔岛风波·

卢梭（1712—1778年），法国伟大的启蒙思想家、教育理论家，是18世纪法国大革命的思想先驱，启蒙运动最卓越的代表人物之一。

1762年，卢梭出版了他的哲理小说《爱弥儿》之后，反动政权和教会的迫害立即接踵而至。巴黎政府下令焚毁所有的《爱弥儿》，并下令逮捕卢梭，卢梭不得不出逃到瑞士。但是，卢梭的故乡日内瓦早已公开焚烧过卢梭的著作。瑞士宣布过一道命令，只要卢梭出现在日内瓦，任何政府机关都有权逮捕他。卢梭无法在瑞士立足，只得再次出逃到普鲁士的属地莫蒂亚。可是，在普鲁士势力强大的教会，已经宣布卢梭是上帝的敌人，他在莫蒂亚也无法藏身。无可奈何的卢梭，第三次出逃，这次出逃的目的地是大西洋中间的孤岛——圣皮埃尔岛，这个天堂般的小岛，大概不会再有人追杀这位无处藏身的启蒙思想家了吧。

卢梭万万没有想到，当他来到茫茫海波环绕的小岛，住下不满一个星期，岛上那座教堂里，立即响起了围攻他的钟声。岛上的牧师们轮番上阵，借礼拜六布道的机会，对他进行了猛烈的攻击。牧师们抛开平日抑扬顿挫的腔调，大声宣布卢梭是上帝和教会的敌人，说他是"疯子"和"野人"。他居然在一本叫《爱弥儿》的禁书中提倡贵族向农夫学习，简直大逆不道。

卢梭在《爱弥儿》一书中，确实提倡过贵族要向农夫学习。这是一部讨论教育问题的哲理小说，书中描写一个人从出生到结婚、进入社会受教育的全过程。他认为教育能恢复人的天性。他提出教育要"顺乎天性"，让人的本性避免社会偏见和恶习的影响而得到自然的发展。卢梭认为"人生来是善良和幸福的；是文明腐蚀了他，毁了他最初的幸福"。他盛赞劳动人民的朴实自然。

书中的主人公爱弥儿就是个贵族青年。爱弥儿被送到远离城市的农村，斩断了神学的精神控制；他跟朴实自然的农家孩子在一起生活，一同劳动；他不读那些帝王将相的历史，崇尚理性；他独立思考，终于成为自食其力的劳动者。

牧师们挞伐过卢梭和他的《爱弥儿》之后，以主的名义号召全体教民，千万不要让卢梭这个魔鬼的伙伴安安稳稳居住在圣皮埃尔岛，"大家一起去诅咒他，敲开他的大门，砸烂他的窗户，直到把他驱逐出圣皮埃尔岛"。

牧师的号召确实煽起了当地居民的仇恨，从星期一开始，每天都有一批批虔诚的教徒聚集到卢梭的居室外，大声鼓噪着"叛徒""魔鬼""滚出圣皮埃尔岛去"。卢梭居室的大门被敲得咚咚响，卢梭居室的窗户统统被砸碎。无休无止的骚扰让卢梭无法读书，无法入睡。

对卢梭的迫害还不仅如此。不久，圣皮埃尔岛的有关政府机构也出面了，这个岛属于伯尔尼政府管辖，有关机构传达伯尔尼政府的命令，驱逐卢梭出境。

幸亏英国哲学家协会的秘书休谟正在圣皮埃尔岛休养，休谟听说卢梭困难的处境，立刻派人跟卢梭联系，邀请卢梭到英国去讲学。在休谟的安排下，卢梭乘黑夜偷偷登上休谟的渡船，这才得以逃脱专制政府的追捕，来到了英国。

卢梭虽然暂时有了个安身立命的地方，但是，在多次出逃之后，他受到极大的刺激，精神濒临崩溃的边缘。他思念法国，日日夜夜想回到巴黎去。休谟无法劝慰住他，只得设法帮他化了名，伪造了一份文件，送他回到了法国。

在法国，又有哪里能安身？卢梭不得不长期在外省辗转流亡、避难。即使去世之后，巴黎政府也不许把他葬在巴黎。直到1794年，法国大革命后，卢梭才得以迁葬到巴黎的名人墓地。

·重返"新庄"·

裴斯泰洛齐（1746—1827年），瑞士著名的教育实践家、理论家，他从教60多年，被后人称为"伟大的模范教育家"。

裴斯泰洛齐于1746年生于瑞士苏黎世，5岁时父亲去世，在母亲及女仆的爱护下长大。她们无私的爱融入了裴斯泰洛齐的生命，"他从孩提时直到生命的最后一息，内心只充满着感情，那就是爱，一种使所有人感动的炽烈的爱，一种赐予所有人的强烈的爱"。这种爱对他教育思想及实践产生了重大影响。

幼年时的裴斯泰洛齐经常随作为牧师的祖父深入农村，对于生活在封建地主和新兴资产阶级双重压迫下的农民怀抱深刻的理解与同情，青年时代便确立了拯民于水火、改造社会的人生奋斗目标。17岁，裴斯泰洛齐进入苏黎世大学，仍对政治非常关心，后受卢梭《社会契约论》及《爱弥儿》的影响，坚信自然教育是"帮助人们打开眼界，看到自己的使命，自己生活的价值，以及自身被埋没的心灵"的金钥匙，进而走上"拯救农村，教育救民"的道路。

当他1774年在"新庄"农场经营失败后，把农场改作孤儿院，收养了50个孤儿。他和孤儿们同吃、同住，教他们知识，请了工匠传授他们技术。他说："我自己的生活，也像个乞丐，为的是教那批小乞丐能生活得像一个人。"裴斯泰洛齐一个人的力量毕竟有限，"新庄"的孤儿院终于因为经营不下去，在1780年停办了。

1798年，瑞士爆发了资产阶级革命。裴斯泰洛齐是位民主主义思想家，21岁就参加了"爱国者小组"，还受到过监禁。革命胜利后，革命政府宣布，因为他以往的功绩，决定给他安排公职。

裴斯泰洛齐对此却无动于衷。他深情地回想起自己在诺伊霍夫创办的"新庄"孤儿学校，那是他一生追求的目标。每每想到孤儿院的停办，裴斯泰洛齐总是揪心般疼痛。现在，有机会再一次为自己的理想努力奋斗了，裴斯泰洛齐决定拒绝在政府任职，到乡村去当一名教师。

　　受新政府委托，裴斯泰洛齐在斯坦兹办了所孤儿院。走进院门，裴斯泰洛齐的心立即揪紧起来。这里的办学条件比起当日的"新庄"来，确实好一些了。可是，收容来的80个5岁至10岁的儿童，却个个骨瘦如柴、形容枯槁、目光呆滞。好些孩子浑身是虱子，头上长疮，奇痒无比。有的还因为身体有缺陷，被抛弃在街头，要不是来到孤儿院，根本无法活下去。跟当日在"新庄"招到的孤儿相比，他们更加让人怜惜。

　　裴斯泰洛齐对孩子作了一番调查，发觉在这批可怜的孩子中，十个里面难得有一个认得字母。看来要完成对他们的教育，困难实在是大。但是，他毫不气馁，以家庭的形式办起了这个孤儿院。裴斯泰洛齐又当爹又当妈，克服困难，替孩子们置办衣服，治疗皮肤病；教他们识字，组织他们学农艺，学手艺。这些孩子一向缺少家庭的温暖，到了孤儿院，受到裴斯泰洛齐慈父般的关爱，就像一步踏进了天堂般温暖。

　　可惜好景不长，瑞士国内发生战乱。那一天，孤儿院里闯进了一批大兵，为首的军官也不打个招呼，径自指手画脚，占了所有的教室房舍。裴斯泰洛齐上前阻止，那人理也不理，只说战事紧急，学校被征用做伤兵医院。裴斯泰洛齐好不容易建立起来的孤儿院，全部毁于一旦。卓有成效的教育事业被迫中断。

　　以后，裴斯泰洛齐虽然屡战屡败，屡败屡战，又在布格多夫城、伊佛东市办起了自己的实验学校，但都因为战乱和种种原因而屡屡停办。裴斯泰洛齐遭受多次挫折，80岁的时候重新回到了自己第一次办学的诺伊霍夫，就在"新庄"学校旧址上住了下来，总结自己的教育经验。两年后他去世了。

·怪兽吓不倒的老师·

居维叶（1769—1832年），法国动物学家，生物学教授，比较解剖学和古生物学的奠基人。在声誉鹊起之年，他来到一所中学，当上了一名生物学教师。在别人看来，这一职位简直是太屈才了。居维叶在不少研究单位，都可以取得更大的成就，好多研究单位都会收下他。他为什么要到中学里去当一名"孩儿王"？

可是居维叶却并不这么认为。在他眼中，那些花花草草，那些飞禽走兽，就是他的生命。现在，重视和研究大自然的人，实在是太少了，其中的一个原因，就是很多孩子从小缺乏这方面兴趣的培养。为了让更多的孩子爱上生物科学，他愿意从这个不起眼的地方开展自己的工作。

到了孩子们中间，居维叶真是得其所哉，觉得自己好像又回到了少年时代。孩子们对知识的渴望，强烈的进取心感染着居维叶，他好像也变得活跃起来。

居维叶没有忘记自己的职责，他是为培养生物科学的继承人来的。他知道，兴趣是最好的老师。他不在课堂里让学生去记忆那些定义，去区别物种之间的细微差异，也不出一道又一道的难题，让学生伤尽脑筋。

居维叶把学生带进大自然，把自己早已观察到的植物介绍给学生，让他们去区别；又带学生们进动物园，指着动物生动有趣地讲述它们的特征和习性。居维叶高兴地发现许多孩子像自己小时候一样，已经对生物世界发生了浓厚的兴趣。

孩子毕竟还小，他们对自己这位老师，在喜爱之余，难免会作出些稀奇古怪的行为，有时还故意去捉弄这位像大朋友一样的老师。

这天，居维叶跟孩子们在标本室里忙了一上午，吃过中午饭，便想在自己宿舍睡个午觉，蓄好精神应付下午的外出采集标本活动。他毕竟年纪大了，有点力不从心。

正当他迷迷糊糊要进入梦乡的时候，他那间处在学校边缘、平日十分冷清的宿舍外，突然传来一阵奇怪的吼叫声，而且那声音越来越近，直向居维叶住室的窗户逼近。

古怪的吼声把居维叶吵醒了，他从未听到过这种吼叫，便睁开眼朝窗外瞧了一眼。只见窗沿上伸出一对动物的犄角，正要往窗里伸来。接着，窗沿上又搁了一双带蹄子的兽腿，接着，那吓人的声音又在窗外响起来，那双兽腿不住地敲打窗沿，带角的兽脑袋左右晃动，好像立即要蹿进窗来，一口把居维叶吞进肚中去。

居维叶看了一眼窗外，毫不在乎地闭上了双眼，又想继续入睡，那怪兽却不肯善罢甘休，继续发出吓人的声音。居维叶只得伸出手去，把窗户关上，拉过枕头，堵住双耳。

说也奇怪，当居维叶重新躺到床上，窗外那怪兽也对窗内的"美味"失去了信心，只吼了几声，便消失在窗沿外面。居维叶便放心地放好枕头，安安稳稳地继续他的午睡，好像刚才什么事也没发生过一样。

下午，户外采集课开始了。居维叶还是像往常一般，和和气气带着所有学生奔忙在田野山坡，给学生们讲植物的分类。一个小时过去了，居维叶坐在一块大石头上稍加休息。他身后悄悄走来三个男孩，他们围在一起，低声地争辩了一番，终于带着神秘的表情朝居维叶围上来。

这几个孩子是居维叶最积极的支持者，别的功课不见得很好，参加生物活动却最卖力。下午活动一开始，就一直盯着老师，一步也不肯离开居维叶身边。居维叶猜他们一定有什么特别的举动。

果然，一位看起来是头儿的男孩迟疑了一会儿，终于开了口："老师，中午的时候，您怎么一点儿也不害怕？我们自己倒怕得发抖呢？"

居维叶瞧了瞧这三位，脸上立刻露出了笑容，对他们说："哦，中午来的就是你们三个？你们说说，我为什么要害怕？"

那三个天真的孩子立刻七嘴八舌嚷起来。这个说声音那么可怕，那个说怪物正要爬进窗台，第三个说动物越奇怪越可怕，因为谁也没有见过，谁知道该怎么对付它！

"这些就是你们扮怪物的理由？"居维叶更加好笑，"我为什么要怕你们扮的怪物？你们的怪物头上长着犄角，腿上又有蹄子，犄角和蹄子总是长在食草动物身上呀！这种动物跑得快，怕见人，又不吃肉，我才不怕它呢！你们看到绵羊，看到梅花鹿会害怕吗？"

三个小家伙听了，立刻恍然大悟，又立刻互相埋怨起来，都说别人出的点子太馊，反而坏了事。居维叶哈哈大笑起来，打断他们的互相埋怨，告诉他们，只要掌握了科学，人就会变得聪明起来。聪明的人，一切疑难，都会通过缜密的思考迎刃而解。

接着，居维叶把三位学生叫到身边坐下，细细地给他们介绍植物和动物分类的基础知识，三个孩子听得津津有味，都觉得看来又高深又繁杂的知识，学起来并不难。

·为人师表黑格尔·

黑格尔（1770—1831年），德国伟大的哲学家，一生从事教学，也是一位立足教育的实践家。

1816年，黑格尔的名著《逻辑学》第一卷出版了。这本书建立起他哲学的整个体系，受到学术界的重视，于是他开始出名了。

出名人物有人抢。一时间，好几个学校争着聘请黑格尔去当教授。柏林大学请他当哲学教授，巴伐利亚的政府也责令他们的埃尔兰根大学授予他大学教授的头衔，留他在巴伐利亚。而黑格尔却都婉言谢绝，他只想到偏远之处找一个安稳的位置，一边教书，一边继续研究哲学。于是，黑格尔决定到西部莱茵河畔的海德堡，在海德堡大学当了一名哲学教授。

学校来了著名的学者，海德堡的学生们都拥着去听黑格尔的课，课堂里常常人满为患。学生们可以在课堂上学到深邃的知识，还可以在老师身上学到学者的风范，学到做人的道理。在黑格尔身上，他们看到了一位学者执著的精神。为了事业，老师废寝忘食，几乎抛弃了一切。

那一天，黑格尔在课堂上提出了一个尚未解决的难题。课后，学生们看到老师站在校园的一角，继续思考着那个问题，便知趣地避开，以免打扰他的思维。

白天很快过去了，夜晚降临校园。同学们远远望见，黑格尔依然站在那里，时而仰首望着群星璀璨的夜空，时而低头沉吟。

第二天，太阳出来了。休息了一晚的学生来到校园，看到黑格尔竟然仍站在原地，继续着他的思考。一连十几个小时，黑格尔神驰于哲学的大海，不知疲倦。直到学生们越来越多，远远地围成一个圆形的圈子，黑格尔才如梦初醒，朝大家笑了笑，回到了屋内。

黑格尔还有一个习惯，喜欢一边绕着校园散步，一边思考问题。有一天，天阴沉沉的，还刮着风，黑格尔又出现在校园，边走边想。没过多久，天下起小雨来，迎面走过的学生朝黑格尔喊："教授先生，下雨啦。"可是黑格尔好像没听见，继续绕着他的圈子。

雨越下越大。当学生们看到浑身湿透的教授回到屋子时，他脚上的一只皮鞋已不知丢失在校园的哪一个角落了。他一只脚只穿着袜子，走进屋时，自己还没发觉。

在课余，学生们也会提出种种哲学以外的问题，有人就问过黑格尔，为什么他老是在思考问题，专心得连时间和下雨都不知道。黑格尔笑了笑回答："一位合格的教授，不能只把书本上的知识到讲台上照搬一遍。要让学生成为有自由精神的人才，而不做书本的奴仆，教授自己就应该有独到的见解。要做到这一点，不思考行吗？"

黑格尔就是这样以身作则，培养出一批兴趣广泛、能独立思考的学生。

·名噪一时的"导生制"·

兰喀斯特（1778—1838年），英国18世纪末19世纪初的传教士，因为发明了"导生制"这种教育方式而名噪一时，在英国教育史上产生了巨大的影响。

英国的初等教育，在工业革命初期，还由教会管理着。工业革命的迅速发展对劳动者的文化要求提高了，对教会的压力也大增。他们只得扩大初等教育的教育面，举办一些"星期日学校"，在星期天把少年儿童们组织成班级，由传教士讲宗教条文，让一些有知识的妇女附带教些粗浅的读写知识。因为这样做能把散落在街头的少年儿童聚在一起，减少社会秩序的混乱，所以很受教会和政府的欢迎。

兰喀斯特就是着力推动"星期日学校"的积极分子。但是，他很快发觉，这种蜻蜓点水式的教育形式，毕竟不是正规的教育，孩子们学到的知识太浅薄，倒像是一种慈善的施舍行为。他觉得，应该用每周六天的正规教育来替代"星期日学校"。

办正规教育，谈何容易！单是教师队伍就没法张罗。传教士当个组织者还行，要上课就忙不过来；那些读过书的妇女本是些志愿者，星期天来义务工作一天已经累得够呛，怎么能天天来当义务教师呢？

办法还没想到，星期日又到了。大大小小的孩子挤在教堂里，乱作一团。兰喀斯特忙了一天，累得唇焦舌燥，还是教不会那些年纪小的孩子。到后来，那些跟弟弟妹妹一同来的大孩子，也感到不耐烦了。他们早已学会了今天的功课，只是为了同弟弟妹妹一起回家，才留下来的。这些大孩子实在忍不住，就走到弟弟妹妹身边，指点着那些傻傻的小弟弟小妹妹。

兰喀斯特发现，自己反复讲的功课，到那些大孩子嘴里，只要三言两语，那些小毛头就恍然大悟，他们比自己管用得多。孩子们有相通的心灵，独特的语言，习惯了大人语言和思维方式的传教士们，是无论如何比不上的。

一个大胆的想法闪现在兰喀斯特心头：办正规的初等教育不是缺少教师吗？为什么不调动学生自身，让一些年龄大的孩子先学会，再让他们去教年纪小的孩子，不就能够解决问题了吗？那些大孩子就成了指导学习的学生，简称"导生"，这种初等教育制度就可以称作"导生制"。

经过一个阶段的准备和试验，"导生制"学校终于诞生了，校舍就设在兰喀斯特经常去的教堂里，教室就是当日"星期日学校"使用的礼堂。

礼堂本来是做弥撒用的，平日就能坐得下百把来人。这天，把原来的长椅搬了，排上课桌，数一数可以安排200名学生。这200名学生的座位排成十数行，每行都有一名年纪大的学生坐在排首，他们就是导生。

上课的钟声响了。导生们迅速集中到老师身边，剩下的孩子都在位置上复习昨天的功课。那些导生原来就聪明，成绩也好。经老师一番教导，很快就掌握了这天应该学习的内容。

钟声又响起来。导生们又回到自己那排的排首，开始向自己的小弟弟小妹妹们讲课。他们已经把老师的话化成孩子们的语言，有的导生一招一式，跟老师日常讲课的姿态一样，俨然一位小老师的模样。

等那些导生讲完课，全体学生都兴高采烈读起课本来。琅琅的书声展示出今天全体学生都学会了应学的功课。

"导生制"因为适应了那个时代的要求，立即风行全国，不久还"出口"到国外，兰喀斯特还应美国同仁之约，横渡大西洋去宣传和帮助推行这种制度。

·"幼儿园"之父·

福禄培尔（1782—1852年），德国著名的教育实践家、思想家、幼儿教育的奠基人。

福禄培尔在父亲去世以后，才得以摆脱自己丝毫不感兴趣的工作。他可以不再去帮助父亲处理教务，不必按父亲的意愿，子承父业，当一位牧师。他觉得，当一位教师，才是自己真正的归宿。

而且，每当福禄培尔看到孩子们在学校里幸福地生活着，心头便涌起一阵阵又悲又喜的感情。伤心的是自己从来没有过这种享受，高兴的是现在的孩子终于可以自由自在地度过快乐的童年了。

福禄培尔6个月大的时候就死了母亲，继母对他一点也不关心，父亲又成天忙于教务，难得与孩子相处。孤独的福禄培尔只能在自我观察和沉思默想中，打发漫长的岁月。不幸的童年使他更多地关注儿童，成为他日后热心学前教育的原因之一。

福禄培尔从裴斯泰洛齐的教育理论中摘取了有关幼儿教育的观点，跟自己的实践知识相结合，初步形成了自己的幼儿教育大纲，只等筹办好自己的学校，就能正式进行幼儿教育的实践。现在，他一心想替自己的幼儿教育实验学校起一个响亮的名字。说不定，它会成为第一家专门的幼儿教育学校，名扬天下呢。

那一天，福禄培尔来到公园里，一边瞧，一边思考自己的问题。看到孩子们自由自在地玩耍，有的追逐，有的在观察蚂蚁搬家，有的爬到树上，心头不禁泛起一阵阵温情，着实为孩子们高兴。突然间，一个念头涌起：我的幼儿实验学校应该像这里的公园一样，成为儿童们的乐园。

万事俱备，又有了响亮的名字。福禄培尔在1837年招收了勃兰根堡50名学生，年龄在3岁至5岁之间，办起了一所独立的"幼儿园"，开始了实验幼儿教育。

福禄培尔的幼儿园，既不是单纯照料儿童的托儿所，也不是提供正规教育的超前教育机构，只是组织孩子们做游戏，在游戏中使儿童获得对事物的感性认识，同时传授一点初步的知识，为孩子们今后进入初级学校，作一点准备。

在福禄培尔的幼儿园里，摆放着他制作的教具。最出名的叫"恩物"，那是10种用绒毛或者木块制成的小球、方块、圆柱，五颜六色，十分漂亮，那绒球上还系着两根线。

孩子们可以通过恩物识别颜色，扯动线锻炼手臂肌肉；把各种形状的木块拼了又拆，拆了又拼，认识各种形状和它们可能的拼装方法。这样做了，孩子们就可以逐步认识奇数、偶数、倍数的概念。

这以后，孩子们还要完成"作业"。用纸、沙、泥等材料进行剪纸、贴纸、折纸和黏土做手工，发展孩子的认识能力和培养他们的艺术兴趣。

一系列的创新都寄寓在游戏活动之中。福禄培尔的这些做法启迪了许多教育家，德国各地雨后春笋般涌现出许多"幼儿园"，到19世纪40年代，同样的幼儿园出现了40多家，并且传播到周边国家。

可惜好景不常。1848年，德国爆发了革命。德皇威廉四世怒气冲冲，把爆发革命的原因归咎于全民教育。封建统治者本来实行的是愚民政策，仿佛是全民教育使青年们心智大开。于是下令停止全民教育活动，连福禄培尔的"幼儿园"也一同遭殃，被明令禁止。

这的确是德国教育的悲哀。可是，愚民政策可以摧残幼儿园于一时一地，却不能阻挡它的发展。幼儿园还是跨出国界，在世界各国迅速推广起来。

·树立起座座丰碑·

谢苗·拉伊奇（1787—1858年），俄罗斯著名的诗人和翻译家，莫斯科贵族寄宿中学教师，教育实践家。

1828年，学期刚刚开始，莫斯科贵族寄宿中学的"祖国语文爱好者协会"就召集了全体成员会议。负责这个课外兴趣组织的谢苗·拉伊奇刚说过本学期的活动计划，一位四年级的学生就迫不及待地开了口："我们班级这学期来了个插班生，他叫莱蒙托夫，听说有我们这个协会，很想来参加。他把自己写的诗给我看了，真棒。老师，您看怎样？"

"好啊，"拉伊奇回答说，"我们的协会没有什么坎，只要是语文爱好者就可以参加。不过，下一次学习普希金的诗，您务必转告那位新来的同学，请他带一首最喜欢的诗来，朗诵给大家听听。"

第二次活动，大家就见着了莱蒙托夫。他面容瘦削，略带羞涩，一双大大的眼睛闪现出聪慧的光。大家听他朗诵普希金的名作《巴赫奇萨拉伊的喷泉》，觉得他对诗的理解深刻，朗诵也极富感情，便报以热烈的掌声。

得到大家的赞许，莱蒙托夫白白的面颊上泛起一抹潮红。他转过脸，面对拉伊奇说："老师，我还有一首诗，能在这里朗诵吗？"得到拉伊奇的允许，莱蒙托夫读出了诗的题目：《高加索的俘虏》。噢，还是普希金的诗。但是在座的人越听越奇怪，那诗的题目虽然一样，句子却不是普希金写的。看来作者不仅有普希金般的热情，还对高加索十分熟悉，他是谁？

读完诗，莱蒙托夫的双颊更红。在座的同学连礼节性的鼓掌都等不及，纷纷问："这是谁写的诗？"莱蒙托夫脸涨得通红，回答说："这是我写的，我刚从那儿来。"一阵热烈的鼓掌声几乎要掀翻屋顶，拉伊奇也注意到了这位新成员，觉得他颇有点诗人气质，确实是个可以造就的人才。

接着，协会会员们在拉伊奇带领下，开始讨论普希金的诗。老师对诗的思想内容和艺术技巧精辟的分析，与其他诗作的对比，让所有的会员受益匪浅，莱蒙托夫更是激动，觉得自己这次转学来莫斯科，确实是找到了一个良好的环境。

莱蒙托夫在学校崭露头角。他很快在拉伊奇主办的内部手抄本诗刊上发表了自己的诗作，不久还开始主办四年级会员的手抄杂志《朝霞》，首期杂志上就刊登了他的新作《土耳其人的哀怨》。

拉伊奇发现，莱蒙托夫的习作技巧更加成熟了，而且充满了青年人的叛逆精神。他写的是土耳其人，明眼人很容易看出，诗中影射的正是沙皇俄国。这样的志向和胸怀，预示着他一定会成为俄罗斯诗坛的新星。

拉伊奇把更多的关切投向莱蒙托夫，引导他放开眼界，拓宽思路。他劝莱蒙托夫多学几门外语，学会一门外语，就像打开了一座宝库。莱蒙托夫听从老师的劝导，在课余学习了英语、德语、法语。只几个月，他便能阅读拜伦和莎士比亚的原版著作了。在那里，莱蒙托夫进一步领略了世界著名作家们追求自由的积极思想，他的诗变得思想更加深厚，技术更加纯熟。

莱蒙托夫走了，其他的学生也陆续离开贵族寄宿中学，拉伊奇却依旧留下，指导着"祖国语文爱好者协会"，教后来的学生读普希金的诗，教他们学外语。

后来，那些出类拔萃的学生又陆续"回到"了母校——优秀学生的纪念碑，金色的纪念碑上镌刻着他们的名字，其中就有莱蒙托夫的名字。他们是贵族寄宿中学在校学生心中的丰碑，这座座丰碑都是像拉伊奇这样的教育家们树立起来的。

·敢为天下先·

艾佛雷特（1798—1881年），美国哈佛大学校长，坚持哈佛精神的教育家。在他任职期间，哈佛大学招收了全美国第一名黑人学生。

19世纪四五十年代，美国正蕴酿着一场无法避免的激烈冲突。蓄奴主义者和主张废除黑奴的北方先进生产力的代表，形成了不可调和的两大阵营，内战已迫在眉睫。

在两大阵营的接触战中，始建于1636年的哈佛大学充当了排头兵。哈佛大学办学的方针越来越走向自由化，废奴主义思想渗入了大多数人的头脑。终于在能不能接受一名黑人学生的问题上，爆发了一场尖锐的斗争。

1848年夏天，哈佛校园内流传着一则消息，校方准备在秋季招生时，准许一名叫威廉姆斯的黑人青年报考入学。消息一经传开，整个校园顿时骚动起来。说好的人很多，气愤得瞪圆了双眼的也有。人们都把目光投向现任校长艾佛雷特，看他究竟何去何从。

艾佛雷特却稳坐"钓鱼台"，他什么话都不说。废奴派自由人士对校长的态度十分满意，校长的沉默，至少表示他的决心没变。他们相信艾佛雷特一定能顶住压力，敢为天下先，给全国的大学作出一个民主和自由的榜样。

反对派熬了一阵，再也无法忍受下去。他们生怕生米煮成熟饭，到那时再反对，就来不及了。这些人开始从各种渠道对艾佛雷特施加压力，要他公开表态，取消拟定的招收黑人学生的决定。

传统的保守分子采取了传统的手段。他们四处传播对校方的责难，说学校办学太放松，缺乏应有的严肃性等等。他们想"釜底抽薪"，只要否定了艾佛雷特，什么问题都解决了。

艾佛雷特立即开口表了态，他说的不是招生问题，他指出，哈佛大学刚刚庆祝过建校200周年，在庆祝活动中，恢复了哈佛建校时的校训："与真理为友。"如果谁认为校方的政策有误，就请拿出证据来，否则，校方决心为真理而战，对造谣生事者决不宽恕。

没几天，一群白人学生吵吵嚷嚷涌进了校长室。他们坚持白人至上的观点，说黑人智力低下，干一点体力活还可以，要硬闯神圣的大学殿堂，无论如何是不行的。

艾佛雷特校长笑着回答，威廉姆斯智力如何，现在下结论尚嫌过早。入学考试是一把尺子，假如他考试过不了关，当然没有资格入学读书。但是即使威廉姆斯智力不够，也不能说所有黑人都蠢笨。考不上哈佛大学的白人青年多着呢，难道能说他们个个智力低下？

那些人无法反驳校长，便一齐起哄，宣布如果让这位黑人学生进校，他们就统统退学，以示对校方招生政策的抗议。艾佛雷特丝毫没有被他们的威胁吓倒，他十分镇静地回答："这不是一件坏事。你们几个退学，校方就可以省下一笔开支，正好支付威廉姆斯的学费，学校将会感激不尽。"

退学的威胁反而有利于黑人学生入学，吵吵闹闹的白人学生只得闭上了嘴。他们只能将希望寄托在上帝身上，请万能的主，让威廉姆斯千万别通过入学考试，以维持白人在大学的绝对控制权。

结果不出艾佛雷特所料，黑人当然不注定低人一等，威廉姆斯以优秀成绩通过了当年哈佛大学的入学考试，成为哈佛大学第一名黑人学生。威廉姆斯也成为全美国第一位步入大学殿堂的黑奴的孩子。

"与真理为友"，艾佛雷特校长以大无畏的气概，敢为天下先，维护了办学平等的原则。

·学生实验室·

李比希（1803—1873年），德国著名的科学家，改革大学实验室制度的教学实践家，因为首先人工合成尿素，被称为"有机化学之父"。

1824年，21岁的李比希从法国学成回国，到吉森大学的化学实验中心担任教授，开始了研究和教学工作。按照当时的教学制度，教授在自己的实验室里，可以从大学毕业生中选拔才俊，充当自己的助手。一切研究均由教授安排，助手们专做具体工作，即使助手有什么发明创造，一切成果都属于实验室。在实验报告上常常只署教授的姓名，助手的名字能在报告上出现，就算是天大的荣幸了。

李比希对这种不合理的制度有切肤之痛。他与好友维勒一同到法国的时候，就遇上过不讲理的教授，憋了一肚子的闷气，至今那种滋味还没忘记。

他们俩各自提取了一种氰酸，发现这两类不同的化合物具有相同的分子式。可是，教授先是说，年轻的德国人搞错了；后来发觉那确实是"同分异构体"，便立即把成果据为己有。这以后，维勒和李比希又人工合成了尿素，这一次他们没有先给法国教授汇报，教授大怒，硬说他们合成的物质没有"活性"，一棍子把他们的成果打死。小小的德国学生怎么斗得过法国权威？他们只好把一口恶气咽进了肚子里。

现在，李比希也成了教授，可是，他不愿意自己的学生重蹈覆辙。那种教学制度只会扼杀青年人的积极性，妨碍科学研究的进步。现在是改变这种制度的时候了。但是，旧的教学制度有着顽固的习惯势力支撑，多年来尝到甜头的老教授们心照不宣，学校的负责人也不愿得罪这些权威。因此，李比希的要求一直无法通过。

李比希想方设法，反复争取，终于得到批准，在自己的实验室里划出一半区域，建立了"学生实验室"。吉森的大学生们可以自行到这个实验室独立做自己的实验，不必得到教授的批准。学生们通过实验取得的成果完全属于他们自己，用自己的名字发表研究报告。李比希只是在学生有困难的时候作必要的指导，并在研究报告发表之前作鉴定。

"学生实验室"建成后，立刻吸引了大批学生来到吉森大学，李比希的实验中心人满为患，没过多久，吉森大学成为整个欧洲化学研究的中心。

李比希知道，人多并不等于成功，学生实验室必须出成果。学生自主研究出了成果，新的教学制度才能真正站得住脚。他想到了自己在法国被权威"枪毙"掉的那个人工合成尿素研究项目。在李比希启发下，一批顶尖的学生开始了人工合成尿素的研究。他们用自己的研究证明了，人工合成的尿素和提炼的物质完全一样，推翻了法国权威的"没有活性"的错误结论。

实验室的合成还不是最终结果。尿素是一种高质量的肥料，李比希鼓励自己的学生把研究成果转化成生产力。学生们从实验室毕业后，分散到德国各地，用生产实践发展实验结果。经过反复实践，李比希的学生们终于完成了人工合成尿素工业生产的流程研究。德国的化学工业，特别是尿素生产走在了世界前列。这都是李比希改革教学制度、建立"学生实验室"带来的结果。

·艺术长廊·

伊塞耶夫（1808—1879年），俄罗斯帝国美术学院的创始人之一，教育实践家。

帝国美术学院是俄罗斯成立较晚的专门教育机构，它象征着俄罗斯教育事业的全面发展，也让一些出身贫苦，但有美术天赋的青年，有机会步入艺术的殿堂，在这里得到深造。

可是，美术学院实在像个后妈手里的孩子，老被撂在一边。它的校舍，是一座年久失修的老建筑；给学院的经费也实在少得可怜；政府官员也认为它不过是个摆设，既无助国力强大，又不必买进先进设备。说穿了，就是让几个画家，领着一群孩子，在画布上抹颜料的玩意儿。

这可让伊塞耶夫苦恼极了。伊塞耶夫是一位画家，本想通过教学，培养出一个俄罗斯画派的队伍。但是，进了美术学院，却被分配到行政部门，担任了院务会议的秘书，成为全院的总管家。也好，虽然不在教学第一线，但是改善教学环境，确实是当前最重要的工作。伊塞耶夫开始竭尽全力，为教师和学生们解决后顾之忧。

学院的房舍实在紧张，安排完教室、宿舍和画室，一间像样的屋子都没有了。伊塞耶夫盘算，一个艺术学院，怎么能缺少一间像样的展室呢？古典的艺术大师们的名画要在那里展出；教师们的范作要挂起来让学生们参评；还有，学生们的优秀习作，也要有个露脸的场所。可是，这样的场所，安排在哪里呢？

一连几天，伊塞耶夫都在学院里转来转去。可惜学校地方实在狭小，别说经费太少，就是有了钱，连找一个盖屋子的地方也没有。这可难煞了伊塞耶夫。

真叫天无绝人之路。伊塞耶夫发现，学院仅有的两幢楼房之间，有一条宽宽的连廊，原来那是主人家为了走路时避风挡雨而设计的。如果把它改造一番，除了原来的功能以外，还能让学生们在每日必经的路上，接受艺术的熏陶，那岂不一举两得？

伊塞耶夫没花多少钱，就把连廊封了起来，连廊的一边开着窗，让光线照进来，另一边墙上挂着美术精品，变作画廊，在结尾一段，还特意留下空位，展出教师范本和学生优秀习作。这段宽宽的画廊，很快就成为学生们最爱去的地方。

伊塞耶夫极爱这条画廊，每天都要去走上两趟，看一看在名画前临摹的学生，听一听他们发自内心的赞叹；有时候，还要与学生们讨论一番，指点一下，如何正确理解名画的特色及内涵，如何学习大师们的技巧。

有一天，伊塞耶夫来到画廊，学生们都吃饭去了，画廊里空空荡荡的。在画廊的中央，却还有一个学生在习画，简直到了废寝忘食的地步。

走近了，伊塞耶夫发现，那是个穷孩子，不仅衣衫单薄，连画具也不全。再看他临摹的作品，虽然说还不够尽善尽美，倒也颇有才气。伊塞耶夫上前跟他讨论，指点了他几个地方，那孩子十分高兴地照着伊塞耶夫说的改了几处，整幅画立即变得更加生动起来。

但是伊塞耶夫发觉，那学生实在是又累又饿，恐怕是在借画画冲淡饥饿的煎熬，同情之心不觉油然而生。"你这画已经有人预订了吗？"伊塞耶夫问，"这可是我看到的最出色的临摹作品。"那位学生听了，简直受宠若惊，瞪大双眼直摇脑袋。"好吧。"伊塞耶夫告诉他，"你好好完成它。画好后让工人送到我家去，酬金嘛，就由你定。这幅画还不至于使我倾家荡产。"学生感动极了，大声说："太好了，秘书先生！刚才我还想问你要助学金呢，这一下，困难可全解决啦。"

·互助储金会·

　　整个帝国美术学院修缮完毕，各种设施都已到位之后，负责总务的大管家——院务会议秘书伊塞耶夫又添了一块心病。他手头的经费七扣八折，已经所剩无几。

　　伊塞耶夫知道，学院里大多数学生都出生于贫寒之家，支付不起毕业以后读其他大学的学费，才凭着美术的天赋投奔到美术学院来的。伊塞耶夫在办学之初的计划里，原本设想扩大给学生的助学金额，把助学金作为自己办好学校的办法之一。现在，计划成了泡影。

　　正当伊塞耶夫有点无计可施的时候，有一天，一位在学生中颇有影响的学生推开了他办公室的门。"秘书先生，"那位学生看来有点紧张，语气却十分坚定，"我想跟您商量一件事。您能不能借给我一间小屋，每周只用三个小时。我们想成立一个学生互助储金会，大家有了点钱就储蓄起来，谁遇到困难，就可以得到储金会的帮助。每周只用三个小时，处理存储和借贷的业务。"

　　听了这话，伊塞耶夫眼前一亮。让学生互帮互助，解决最困难学生眼前的急难，确实不失为一种好办法。况且，学校是学生们的天地，应该让他们当起家来。在这种社交活动中，说不定会培养出比只能卖画的穷画家更有出息的人才来。但是，哪儿才有这么一间空屋，提供给互助储金会使用呢？

　　那位学生见伊塞耶夫沉吟不语，误会了他有顾虑，便接着说："秘书先生，您不必担心。我们也讨论过，知道宪兵当局最害怕学校里出现什么小团体之类的组织。万一他们来查问，我们可以公开自己的账册。我们只不过是一个纯互助性质的经济结合体，绝对不会给您和学校招惹什么麻烦。"说完，拿出一份学生互助储金会的章程，要伊塞耶夫审批。

"你误会了，"伊塞耶夫连忙声明，"刚才我不过是在考虑，哪里有一间空房可以提供给你们使用。"想了一会儿，伊塞耶夫断然决定："好吧。学校里其他房子要腾出来实在不容易。我的办公室每周用上三个小时不成问题，你们到时间就到这里办公吧。我有空也能帮你们算算账，整理整理账簿。"伊塞耶夫的全力支持使那位学生激动得双眼噙满了泪。两个人一起研究起那份章程来。

伊塞耶夫对那位学生说，有些领助学金的学生，恐怕连参加互助储金会的条件都不具备，而那些人的生活更困难，更需要有人帮助。他建议，能不能把这些学生的助学金也算做股金，吸收他们入会。这样，他们就可以在急难时享受到储金会的优待，免得因为生活问题失去继续求学的机会。

听了伊塞耶夫的建议，学生不停地替同学们表示感谢。学生互助储金会就这样成立了，伊塞耶夫如释重负，觉得自己终于尽到了一位教育者应尽的义务。

·科学教育创始人·

斯宾塞（1820—1903年），英国著名的哲学家、教育思想家，自然科学教育运动的倡导者。

英国是西方首先开始工业革命的国家。瓦特改良蒸汽机，使英国工业水平远远高于其他欧洲国家，但其教育却比其他国家落后许多。在学校里，学生的时间大多消耗在学习拉丁文、希腊文上，教育和生产、科学严重脱节。

斯宾塞1858年开始从事哲学研究，在学术界崭露头角，有机会参与各种学术活动。有一次应邀去一所著名的中学参观，在教室外听到了一位教师的训话。

那位教师正在训斥一位没有学好拉丁文法的学生："你不肯吃苦学好文法，怎能写出好的长短句呢？如果写不好长短句，怎能做一个高雅的人呢？如果不是一个高雅的人，活着又有什么意思？"那一声比一声高的责骂，像一把把尖刀直刺斯宾塞的心脏，他摇着脑袋，庆幸自己从没有在这样的学校里读书，不必遭受这种桎梏和约束。

斯宾塞想起了自己的童年。他生在一个气氛极为自由的家庭，因为幼年时体弱多病，父亲没有送他进学校读书。他没学习文法，没学习古典文学，没学习历史，就连英语语法也没学习。他完全是在倾听大人的交谈过程中，"无师自通"地积累了那些知识。

至于那些自然科学知识，斯宾塞也是完全靠自学取得的。他观察研究昆虫，以书本为参照，学习了生物学；他钻进实验室做实验，掌握了化学规律；他当过土木工程师，在实践中学会了相关的知识。他为自己掌握的自然科学知识自豪，完全不同意那位拉丁文教师的观点，难道那些早已死亡的拉丁文会有那么巨大的作用？那些东西早就应该由正确实用的东西来替代它们了。

所以，当19世纪三四十年代，英国掀起一场有关教育的论战时，斯宾塞自然而然地站在了反对旧的教育制度的一边，与法拉第、赫胥黎等杰出科学家一道，要求废除古典教育，代之以科学教育。和科学家不同的是，斯宾塞有更完整的思想体系，构思出更科学的教育方法和过程。他认为，新的教育过程是循序渐进的，是应该引起学生浓厚兴趣的，是通过自我教育完成的全过程。学生这样学习，一定十分快乐，功效也一定非常大。

1861年，斯宾塞把自己有关教育的论文汇集起来，编成《教育论：智育、德育和体育》一书。这本书几乎成为英国20年来有关教育问题争论的总结。单看书名，就可以理解到这本书对教育实践的指导意义。智育、德育、体育"三育"并举的教育思想，尽管在排列次序上还有争论，但它构成了两个世纪教育的主要原则。斯宾塞重视学习功利的思想，更是日后美国教育家杜威教育思想的蓝本。

斯宾塞的著作先后被翻译成十几种文字，他的教育思想的影响遍及全世界。

·情同父子俩教授·

亚当·浦立吉（1835—1920年），奥地利维也纳大学医务研究所教授、耳科专家，热心教育并培养出1914年诺贝尔生物和医药奖得主罗伯特·巴兰尼，深为世人称道。

1894年，浦立吉教授年逾半百，觉得精力越来越不如从前。他的诊所有许多杂活，需要有人打理。如果有人帮忙，教授可以多抽出一些时间，准备讲稿，指导维也纳大学耳科实验室的工作。于是他决定聘请一位杂役，好让自己从零活中解脱出来。

不久，诊所来了位勤杂工，他叫罗伯特·巴兰尼。初见面时，浦立吉教授对他并不感兴趣。你看他，19岁了，身体还是那么单薄，两条腿还因为患过骨结核，膝盖挺得直直的，几乎无法弯曲。过了一个阶段，老教授发觉巴兰尼记忆力特别好，一双手特别灵巧，对治疗耳科疾病相当感兴趣，而且一学就会。浦立吉觉得这孩子确实是个好助手，便有心培养他，让他多掌握些治疗耳疾的手法。

浦立吉教授有一手绝活，专治内耳黏膜炎，世称"浦立吉耳疗法"。巴兰尼嘴上不说，可时时处处都表现出对这种疗法的热情。浦立吉看在眼里，就找来一套医科大学的教材，交给巴兰尼，对他说："孩子，你应该从基础着手。只有把基础打扎实了，才能掌握好我的耳疗法。认认真真把这套书学好，到那时候，所有的问题就迎刃而解了。"

从那时开始，巴兰尼就认真研读教授给他的书。一连7年，他不仅读完了医科教材，还读遍了浦立吉所有的藏书，连老教授每次去上课的讲义，也统统细读一遍。巴兰尼勤学好问，知识水平早已远远超过了一般的大学生。他把知识和医疗实践相结合，手术做得又细致又准确。每当浦立吉教授离开诊所，巴兰尼就成为诊所的主诊大夫，浦立吉对他十分放心。

1904年，巴兰尼到诊所已经10年。那年冬天，浦立吉教授生病了，卧床不起。他把巴兰尼叫到床前，对他说："如果我推荐你去维也纳大学，代我去耳科研究所讲课，你有没有这个勇气？"

"那怎么行？"巴兰尼急了，"我知识浅薄，连大学的门坎都没进过，怎么去给大学生讲课？他们能接受我吗？"

"你一定能成！"浦立吉坚定地说，"你在我这里学到的东西，远远超过了那些大学生。你按照我的讲义，加上你看病的病例，一定会比我讲得更好。千万别犹豫不决，不要错过这么好的机会。"说着，教授挣扎着坐起身来，把准备好的讲稿和一封推荐信塞到巴兰尼手里。

在浦立吉鼓励下，巴兰尼终于踏上大学讲台。这位年方而立的医生，讲课极为生动，受到大学生们热烈的欢迎。学期结束，巴兰尼就收到维也纳大学的聘书，请他继续担任耳科讲师。从此，巴兰尼兼医生、讲师于一身，既照顾浦立吉教授，又从教授那儿学到更多的知识。教授鼓励巴兰尼把自己的经验总结出来，并作为论文发表，不久，一种被称为"巴兰尼检验"的科学方法就名满医学界。

1914年，瑞典皇家科学院宣布，把当年的诺贝尔医学奖授予巴兰尼。消息传到浦立吉耳里，老人又喜又急，喜的是自己的弟子荣膺世界最高奖项；急的是第一次世界大战爆发后，巴兰尼被强征去当了军医，至今音讯全无，该叫谁去领奖呢？

瑞典科学院着急万分，他们四处打听，才知道自己的诺贝尔医学奖得主，现在居然关押在西伯利亚俄国人的俘虏营里。路途遥遥，关隘重重，瑞典人实在鞭长莫及。

两年后，巴兰尼才被保释出狱。他去补领了诺贝尔奖后，立刻回到浦立吉身边。当老教授知道巴兰尼为了照顾自己，有意推辞瑞典乌普萨拉大学的教职时，立即把巴兰尼找到病床前，对他说："孩子，你去吧。我老啦，再也无法指点你。你千万不要为我这个病人，耽误了自己的前程。"望着慈父般的恩师，巴兰尼双眼泪水横溢。他知道，按照恩师的嘱托，像恩师一样培养出更多的"巴兰尼"，才是对老教授最大的孝敬。

巴兰尼这样想，也这样做了。在乌普萨拉大学，他像恩师一样，诲人不倦，培养出了一大批耳科医生，造福于全人类。

·老校长跟踪育人·

伊特亚斯（1855—1923年）瑞典斯德哥尔摩取夫勒港口中学校长，教育实践家。

1898年的一天，斯德哥尔摩取夫勒港口中学校长伊特亚斯正在办公室里接待来客，客人是他的好朋友，取夫勒镇有名的工厂主斯维德伯格先生。这位工厂主是向老友求救来的，他那个14岁的儿子西奥多太不争气，因为打架斗殴，刚从警察署被他保释出来。

斯维德伯格先生对自己儿子已经束手无策。西奥多从小就不爱读书，成天在码头上游荡。斯维德伯格先生起初还只以为儿子顽皮，长大一点便会成熟起来。谁知那孩子越长越不像样，在家里装得老实听话，一出门便为所欲为，结交一批混混，在码头多次聚众斗殴，这一次还受伤不轻。斯维德伯格先生请伊特亚斯校长把西奥多收到自己学校，严加看管。

在伊特亚斯校长眼里，每个孩子都一样，都是可造就的人才。即使像西奥多这样的孩子，只要教育得当，也一定可以培养成人。在港口这块喧嚣之地，像西奥多一样的孩子有一大批。西奥多仗着老子的地位，比其他孩子更放浪一点，也不足怪。教好他一个，会带动一批，这倒是进行教育实验的好机会呢。想到这里，伊特亚斯毅然点头，答应替老朋友背起这份"苦差"。

西奥多·斯维德伯格转学进了港口中学，也许是环境新鲜，也许是人员陌生，他着实安稳了一阵。按时到校，下课后按时回家，和那些狐朋狗友断绝了来往。他父亲十分高兴，要请伊特亚斯吃饭，感谢校长费心。伊特亚斯摇摇脑袋，劝他暂缓。根据多年教育经验，伊特亚斯估计，这孩子恐怕会有反复。

果然不出伊特亚斯所料，西奥多新鲜劲一过，又活跃起来。他纠集一批新伙伴，集体逃学，又回到码头上嬉闹游荡，自己俨然一个孩子王。

伊特亚斯并不怕西奥多出问题，出了问题才能加紧看管，坏事才能变为好事。校长把西奥多找来，苦口婆心劝说他，给他规定了每天的课外作息时间表：中午到校长室送作业，下午汇报一天的功课，晚上补过去缺的课。校长用作业、补课、谈话、讨论织成一张无形的网，把西奥多套得紧紧的。

这办法倒真管用，西奥多被"捆"得结结实实，没办法轻举妄动。他本是个聪明孩子，有了约束，学习成绩马上开始上升，期末考试时，居然消灭了不及格。斯维德伯格先生满脸绽开了笑容，他却没注意到，西奥多变得一天比一天郁郁寡欢。

第二个学期开学不久，事情发生了逆转。那一天，伊特亚斯正在办公室写有关西奥多的教育笔记，门外一阵喧哗，一群人拥着西奥多闯了进来。原来是西奥多与同学一言不合，多日的郁闷一起爆发，把同学打得头破血流。

伊特亚斯发怒了，他翻开教育笔记，一点一点数落着西奥多的过失，见小家伙低着脑袋，一声不吭，便指着窗外的厂房说："那是你父亲的工厂，他苦心经营这么多年。我看，不用20年，就会在你这个不成气的坏小子手里，断送得一干二净！"说到这里，校长气得浑身发抖，嗓音也变了。

西奥多觉得可怕极了，脸上像挨了两巴掌似的热辣辣，回到家便恳求父亲："再给我转个学校吧，我实在没脸在这里呆下去了。我保证学好，成绩优秀了再去见校长。我说话算数！"

斯维德伯格先生只得再去找老朋友，他觉得儿子这一下可没救了。伊特亚斯却认为这是绝好的转机，西奥多正在寻找改正错误的机会，应该满足他的要求，让他体面地下台。

果然，从此后西奥多完全变了个人。20年后，西奥多·斯维德伯格成为1926年诺贝尔化学奖的得主。他的成长，跟伊特亚斯校长的教育实践分不开。

·光明的使者·

安妮·沙利文（1866—1936年），19世纪末到20世纪初美国的盲人教育家。

1886年，安妮·沙利文从波士顿帕金斯盲童学校毕业了。那一年，她20岁。安那诺斯校长向她介绍了一位叫海伦·凯勒的盲童，让她去当凯勒家的家庭教师。于是，沙利文来到了亚拉巴马州的一个小镇上。

刚踏进凯勒家的大门，沙利文就听到了一声长叹："感谢上帝！终于有人来帮助我可怜的小东西了。唉！"说这句话的，就是海伦的母亲凯勒夫人。

"可怜的小东西"，这句话像针一般扎疼了沙利文的心。她想到了自己的过去，那时候，她才3岁，因为患了结膜炎，视力极度衰退，被送进马萨诸塞州的救济院。救济院的妈妈抚摸着她的头，也是这样说："可怜的小东西，如果你要瞎了，就什么也学不到了，唉！"

但是，沙利文并没有放弃。有一天，一个代表团来救济院视察。当他们从沙利文的卧室走出去的时候，沙利文凭着模糊的视力，跌跌撞撞冲向他们，哭着喊："我想上学！我想上学！"她的行动打动了一位先生，那位好心的先生把她带到波士顿，给她治病。等视力有了好转，又把她送进帕金斯盲童学校。沙利文这才凭着自己的努力，有了今天。

这时候，海伦由她母亲扶着，来到沙利文身边。那孩子伸出双手，贪婪地摸着沙利文的衣衫、手掌，还想伸长胳膊摸她的面颊，只是看不到自己的老师，说不出一句话。沙利文激动地蹲下身，拥抱着海伦，暗暗下了决心："教育这孩子，是我终生的使命。"

不久，沙利文就发现，海伦是个执著又聪明的孩子。她虽然目不能视，耳不能听，口不能言，但是她心中却有自己的世界，她可以用自己的触摸，认识家人、居室和她能够触摸到的世界，而且努力去接触未知的世界。

沙利文艰难地引导海伦步入人生。她把水滴入海伦的手掌，在海伦的手掌中画写"水"这个单词；她让海伦触摸花、草、树木，用同样的方式告诉海伦，触摸到的是些什么东西，让海伦逐渐认识丰富多彩的世界。

说话的学习更困难。沙利文拉着海伦的手，触摸自己的喉头、口唇，让海伦知道，那一个单词该如何发出正确的声音，然后一遍遍练习，让海伦逐渐掌握了发音，从而逐步能够表达思想、开口说话。同时，海伦也能够用手指"听"懂沙利文说的话。

海伦到了该去盲童学校读书的年龄了。照理说，海伦是无法按正常情况入学的，因为她无法听到老师讲的课。但她有沙利文，沙利文成了她的伴读。沙利文把老师讲的内容拼写在海伦的手掌上，或者让海伦触摸自己的喉头，通过朗读课文掌握知识。海伦就这样读完了盲童学校的全部课程。

这时候，海伦17岁了。但她从沙利文那儿学到了一则信条："不满是向上的车轮。"她决心沿着走过来的艰难道路，继续走完自己的人生历程。她参加了马萨诸塞州剑桥拉德克利夫学院的入学考试，终于成为一名大学生。

大学的学习更加困难，但是难以想象的困难没能阻止她前进的步伐。她放弃休息时间，刻苦钻研，在读二年级那年，开始撰写自传。大学毕业后，海伦像老师沙利文一样，献身于聋盲人士的公共救助事业。

在海伦的自传《我的一生》中，她这样感谢老师沙利文："我感到我的一切与她是密不可分的，我生活的每一步是踩着她的足迹前进的。""如果不是她用活生生的触摸唤醒我，我是不会有今天的成功、希望以及喜悦的。"

虽然沙利文一生只有海伦一个学生，但她的成功，与桃李满天下的教育家们相比，毫不逊色。

·切莫弄巧成拙·

　　蒙台梭利（1870—1952年），意大利幼儿教育学家，蒙台梭利教育法的创始人。她一生有太多的追求，爱过数学，学过生物，进了罗马大学医学院，成为意大利第一位医学女博士。但是，当她在接触了有缺陷的儿童后，又深深感到，与其发明无数的药物去医治有缺陷的儿童，还不如通过教育和训练改变他们的面貌。

　　蒙台梭利开始了对有缺陷儿童的教育和训练。到1907年，蒙台梭利又把自己的教育研究扩展到正常儿童的教育上去。她采用的方法简单实用，特别适用于条件比较差的地区。

　　没过多久，全意大利就建立起各种形式的蒙台梭利"儿童之家"，她经常要到各地去指导工作。有一次，蒙台梭利按计划去视察一家办得比较好的"儿童之家"。走进幼儿学校，蒙台梭利发觉它比以前有了很大的进步，自己的教育方法在这里得到了切实的贯彻。

　　这里的环境已经全部幼儿化了。家具的长短、高矮跟儿童的身材完全匹配；所有的生活用品色彩鲜明、形状可爱，深受孩子们的喜爱。学校增添了许多实用教具，能训练孩子们的触觉、视觉、听觉，还有好多孩子们喜欢的锻炼器械，想到孩子们在这些器械上欢天喜地玩耍的情景，蒙台梭利脸上禁不住露出宽慰的笑容。

　　让蒙台梭利更高兴的是，这里的孩子已经不再是爸妈羽翼下的娇宝宝。在老师们的培养下，孩子们在自由活动的基础上又培养出了纪律性。你看，孩子们个个保持着整洁的外貌，还能自己打扫教室。

　　那些在园艺室里的孩子们，干起活来真是像模像样。他们养了小兔、小羊，喂草、打扫、圈笼，件件不比大人们差；他们种花、种树、施肥、浇水除草，花儿树木都长得很好。这种教育，都是蒙台梭利主张的方法。

在园艺室后面，有一个小池塘，一群孩子正在水边观看浮在池中的一只鸭子。那是只木制的玩具，做得非常像真鸭子，一动不动浮着。孩子们正操着咿呀幼语，讨论着这只鸭子为什么会浮在水面。他们的老师站在一旁，听着孩子们争论，一语不发。

有一个3岁多的孩子来晚了，小池塘边没有了合适的位置。他长得太矮，根本看不到池面。这个孩子在人群后面着急地兜了几圈，最终想到了一个办法。孩子跑进教室，搬来一把矮椅，放在人群后边，试着踩上椅子去。站到椅子上，他就会比别的孩子高一些，就能看得到大家感兴趣的东西了。

正当这个孩子扶住椅背，一条腿踩上椅面的时候，他的老师发觉了他的举动。老师走上前去，抱起孩子，把他举到肩上。孩子终于看到了那只鸭子，他喜出望外，高兴得又是笑又是叫，手舞足蹈了好一会儿。

巡视结束的时候，蒙台梭利找到了池塘边的那位老师，对他说："你不该把孩子举到自己肩上。"看到那位老师茫然不解的神情，蒙台梭利继续解释说："你看，那孩子已经自己找到了办法，他已经快接近成功了。但就在这时，你却用自己的肩膀代替了那把矮椅。也许那孩子在你肩上会看得更清楚，他也非常高兴，但是，你却剥夺了他自己努力创造成功的机会。幼儿教师，应该是位观察者和引导者，间接地发挥自己的影响。我们千万不能弄巧成拙，你说是不是？"

蒙台梭利一席话，让那位老师深有感悟，他觉得蒙台梭利从实践中得出的教学原则，比许许多多理论和教条有用得多。

·锁定目标育英才·

罗素（1872—1970年），英国著名的数学家、哲学家，剑桥大学著名教授，教育工作实践家。

1913年，剑桥大学的著名教授罗素41岁了，他享有崇高的国际声誉，既是思想深邃的哲学家，又在数学领域颇有造诣，因此他的魅力吸引着许多青年学者，人们纷纷从各国来到剑桥，投奔到罗素门下。

这一年，美国的一位天才青年诺伯特·维纳远涉重洋，来到了英国，维纳才19岁，却已在哈佛大学摘取了博士学位的桂冠。但是，维纳却并不满足，他直言不讳地说，在自己心目中，像罗素这样的学者实在不多。维纳这次就是奔罗素教授而来的。

罗素教授在接触过这位美国来的学生之后，发觉他在好几门学科上都有不凡的成绩，人也十分聪慧，但他对人生的追求目标却不甚清晰。如果照目前情况发展下去，很难在任何学科上取得突破性的进展。博而不专，正是当今青年人的通病。

于是，大哲学家找来维纳，直截了当地问他："你最爱的是哪一门学科？"天才青年思索了一会儿，坦率地回答："开始时我对化学和物理感兴趣，后来，看到别人新发明层出不穷，觉得这才是改变社会的惟一途径，又去搞了工程学；到大学三年级，生物学界有重大突破，我又偷偷学习了生物学，说真的，我自己也为此烦恼。老师，我究竟应该定位在哪里？"看来，老师真的说到了他心中的痛处。

罗素听了，严肃地打断他的话："问题已经清楚了。你只着眼一个又一个学科，却无法从个别现象中解脱出来。只有哲学才能解决你的烦恼，哲学是科学中的科学，会让你懂得各学科之间的必要联系，站得高，看得远。你就先跟我学哲学吧，我想，学了哲学，你就能摆脱世俗认识的束缚，追求更崇高的理想。"

罗素的一席话，点出了维纳思想上的缺陷。他专注地跟罗素学习了哲学道理，思路开阔起来，懂得了一个道理：只有各门学科的交叉部位，才是科学能取得进展的触发点。维纳把自己的想法告诉老师，罗素立刻肯定了他的想法，给他开了第二张"处方"，找出自己的进攻方向，准备可以解决问题的工具。不久，维纳带着罗素的推荐信，来到德国哥丁根大学，拜大数学家希尔伯特为师。

希尔伯特对罗素"出让"的学生十分欣赏，发觉维纳确实是个数学奇才，他有超人的记忆力；经过罗素的调教，又具有了超常的思维能力。希尔伯特明白，罗素也是一位数学家，寻常的数学问题也能够指导维纳。他之所以把维纳送到自己门下，是要让维纳在不同特色的教授内容中，寻找适合他自己的发展方向。这正是罗素因材施教的高明之处。

希尔伯特按照罗素的思路，精心打造维纳这位英才。他把自己研究数学的每一点心得拿来跟学生交流，即使是自己一时无法理解的，也统统告诉维纳，引导他与自己共同探讨。老师和学生这种平等融洽的气氛，形成了教学相长的局面，这正是罗素希望得到的结果。

没过多久，第一次世界大战爆发了。维纳参加了阿伯丁武器试验场的工作，参与编制高射炮射程表。维纳利用从希尔伯特那儿学来的高速运算技术，又用从罗素那儿学到的哲学观点考虑问题，终于出色地完成了任务。

战争结束后，维纳回到美国，在麻省理工学院任教，致力于数理交叉领域的研究，开创了一门新的学科——"控制论"。

罗素运用正确的教育方法，终于和希尔伯特一起，把维纳这位天才青年，打造成"控制论"之父。

·克劳斯教子·

　　克劳斯是德国著名的心理学教授，一直从事教学工作。他跟那些只重视定义、体系、原则的专家们截然不同，常常把自己的心理学理论运用到生活中去，让枯燥的理论跟活生生的事实联系起来，因此特别生动有趣。

　　上课的时候，他会突然喊起一位全神贯注的学生，问他刚才做了一个无意识的动作时，心里究竟在想些什么。当那位学生被突然袭击弄得张口结舌，说不出所以然的时候，克劳斯立刻用心理学的规律，给大家分析这个动作的含意，往往一言中的，猜透了学生自己也说不明白的心思。他这种深入浅出的讲解，使得课堂气氛十分活跃。因此，在所有心理学教授中，克劳斯最受学生爱戴，听他讲课的学生特别多。

　　那些心里酸溜溜的同行当然看不起克劳斯，说他的心理学不正规，跟巫师和预言家差不多，全靠瞎猜瞎蒙，好比瞎猫逮着些死老鼠。克劳斯听了，只是轻轻一笑，依然继续着自己的研究，并且毫不吝惜地把自己的知识教给所有的人，使掌握知识的人越来越多。

　　寒假到了，克劳斯带着儿子到乡间去度假，父子俩住在小村庄边的木房子里。德国的冬天是寒冷的，尤其是这僻静的林间小村，一场大雪过后，除了偶尔串门的邻居，几乎不会有客人。克劳斯正好清净清净头脑，整理一下近年来的研究心得。

　　这天晚上，大雪又纷纷扬扬降个不停，父子俩正围着火炉在闲谈，大门外忽然传来了敲门声。敲门声不轻不重，不紧不慢，克劳斯刚刚听到，敲门声又突然停下了，再过了一会儿，敲门声又响了几下。

小儿子亨利站起来要去开门，克劳斯拉住了他："孩子，刚才这声音你听到了，你猜猜，外面的人是来干什么的？"说完，用迫切而又期待的眼光盯牢了亨利，希望他能作出正确的分析来。

　　亨利知道父亲又在教自己运用心理学了，想了想立即回答："这人肯定想来借东西。"克劳斯赞许地点了点头，接着问："那么，他想来借些什么呢？"

　　还没听见来人说话呢，怎么知道他想借什么，亨利知道父亲又在出难题了，他又想了想："不是来借吃的，就是想借钱。除此以外，还会是什么呢？"

　　克劳斯摇了摇头："不是来借吃的。他缺少吃的，晚饭前就该来了，现在都几点啦！当然也不会来借钱，你看，树林周围的雪地上，连一个脚印也没有，借了钱也没地方花，也不会有人登门催债呀！"

　　倒也是。亨利搔了搔脑袋，又猜："那一定是借桌子凳子，或者是为了睡好睡暖，来借被子的，对不对？"

　　克劳斯觉得儿子的思考有进步，可惜还不对，便给他分析说："只有来了客人，才会想到借被子，那他一吃过饭就会急忙跑来，怎会等到现在？让客人干呆着，等主人出门借了被子再上床，也太离谱了吧。至于说要设宴待客，借桌椅用，那是明天的事，何必今天晚上跑来借呢？"

　　亨利实在没辙了，只得摇摇头，克劳斯知道儿子经历欠缺，便对他说："他是来借斧子的。天下着雪，风这么大，要不点上一堆火，这漫漫长夜该怎么过？你发现了没有，这儿哪家都备足了过冬的木柴，成堆成堆地放在家门口，可惜都是些大块大块的木材，不把它们劈开，就点不着。要不是急着来借斧头劈柴，现在谁也不会出来敲邻居的门。"

　　亨利恍然大悟，原来爸爸的心理学就是这么简单呀，只要根据日常观察到的细节，朝合理的方向推测，就能得出正确的结论来。他高兴极了，又站起身来，准备去开门。

　　"慢着，"克劳斯还要考他一考，"你再猜猜，来借斧头的会是谁？你总不该忘记了刚才听到的敲门声吧？"

亨利的脑子迅速转动起来，他把几家邻居家中的人一个个排列出来，立刻回答："哈默爷爷，对，是他。只有他走起路来才那么轻轻的，敲起门来，不急不慌。换个年纪轻的，早大声嚷嚷了。这样的天气，也不会叫妇人和孩子出门。我猜得对不对？"

克劳斯笑容满面，赞许地点了点头，顺手指了指墙角的斧头。亨利立刻取了斧头，跑到门前，打开了大门。

门外，果然是哈默老人，他满身的雪花，简直像个圣诞老人。等他又拍肩膀又跺脚，忙了一阵转过身来，刚说了一句"对不起，打扰了"，却发觉亨利早已双手捧着柄斧子，笑眯眯地站在了自己面前。

"咦，你怎么会知道……"哈默老人吃惊非小，"别人都说你料事如神，猜得到别人心底里的想法，我还不信，想不到连你儿子都这么有能耐，神了，真神了。"木屋里，立刻传出一阵欢快的笑声。

后来，亨利也走上了父亲的道路，在父亲的培养下，成长为德国著名的青年心理学家。

·斯特娜夫人育女·

一位母亲准备带她5岁的女儿去做一次为期两天的野外旅游。临行之前，母亲告诉女儿应该带些什么东西，为了培养女儿自己照顾自己的能力，母亲让她自己收拾行李。

到了野外之后，女儿发现不仅自己的衣服带得太少，而且忘记了带手电筒。那天晚上天气似乎特别冷，女儿对母亲说："妈妈，我觉得冷，衣服没有带够……我能用一用你的手电筒吗？"

母亲问女儿："为什么衣服带少了呢？"

"我以为这里的天气和城里一样，没想到这儿冷多了，下次再来，我就知道该如何做了。"

母亲说："是的，你应该先了解一下这儿的天气情况，做充分的准备。那样的话，你现在就不会感到冷了。那么，手电筒又是怎么回事？"

女儿说："我想到了手电筒，但在出发时忙这忙那，就把它忘了。"

母亲说："你一定要记住，以后千万不要粗心大意，如果不细心地对待每件事，你就会尝到苦头的。"

女儿说："我明白了，我以后一定要像爸爸出门那样，先列一个物品单子，这样就不会忘掉东西了。"

"没关系，这次我把你忘掉了的东西都带来了，你看，这是你的手电筒，还有你的衣服。"母亲一边说着，一边把东西拿了出来。女儿一下子高兴起来，并过来亲吻了母亲。

上面讲的是美国宾夕法尼亚州匹兹堡大学语言学教授、著名教育家斯特娜夫人（1881—1952年），教育女儿维尼夫雷特的一个小故事。

年幼的女儿第一次出游，少带忘带东西，很正常。对这种失误，作为母亲，并没有立即指出来让她弥补，而是让它既成事实，在尝试中接受教训，获得经验。这种"现身说法"对孩子的健康成长极为有利。后来，母亲拿出了女儿忘带的东西，又充分显示母亲对她的关爱，更加深了孩子对这件事情的印象，促使她以后不再犯这样的错误。人非圣贤，孰能无过，更何况不谙世事的孩童。而成人们常常对孩子期望过高，一旦孩子有了闪失，便求全责备、大声呵斥，使其谨小慎微，唯唯诺诺，实在是一种过错。斯特娜夫人的做法告诉我们，不妨让孩子经历挫折，品尝"失望"，砺其心智，让其坚定沉着地去寻求希望。

在斯特娜夫人的教育下，她的女儿不到一岁半就能看书，3岁就会写诗歌和散文，4岁时能用世界语写剧本，5岁时，能用8个国家的语言说话，在报刊上刊登了许多诗歌和散文，在神话、历史和文学方面已达到初中毕业的水平。

人生在世，自己的所作所为必然会得到相应的报答。斯特娜夫人认为，让孩子懂得这一道理非常重要。她就是按着这一原则教育维尼夫雷特的。

如果孩子做了好事，第二天早起时，她就能在枕头旁边发现放着好吃的点心之类。妈妈会告诉她，这是由于你昨天做了好事，"仙女"奖赏给你的。假若她做了坏事，第二天早上起来这些东西就不见了。这时妈妈就告诉她，因为你昨天做了不好的事情，"仙女"没有来。

她脱下衣服，自己不收拾时，就让它一直放到第二天，做妈妈的也不收拾，并且决不拿出新衣服给她穿。如果她晚上把发带折叠好，"仙女"就时常给换成新的。如果不好好收拾，就只得戴旧发带。如果她把玩偶丢在床上不收拾好，"仙女"就把它藏起来，使她几天之内不能用这一玩具做游戏。

有一天，维尼夫雷特把一个珍贵的娃娃丢在了草坪上，被小狗给咬坏了。因此，她哭叫着把它拿到妈妈那里。妈妈抱起她，并说真可怜。但是，妈妈决不说给她买新的，还教训她说："把那么好的娃娃放到草坪上，这是多么残忍啊，假若我把你放到野外，被老虎和狮子吃掉的话，做妈妈的该会有多么心痛呀！"

"孩子的心是一块奇异的土地，播上思想的种子，就会获得行为的收获；播上行为的种子，就能获得习惯的收获；播上习惯的种子，就能获得品德的收获；播上品德的种子，就能得到命运的收获。"斯特娜夫人的教育经验应当是亿万家庭的一笔恒久财富。

·培养一千个"邓肯"·

依莎多拉·邓肯（1878—1927年），美国舞蹈明星、现代舞的创始人、邓肯现代舞蹈学校的创办者。

邓肯在巴黎的第一次演出，不但没有给她带来如潮的好评，反而让她再一次陷入深深的失望之中。她感到自己的现代舞并没有被巴黎了解和接受，在这个艺术之乡，千百万人聚集的花花世界，自己是那么孤独。

几天前，邓肯还在化妆室里着意打扮着自己。想把自己天使般的形象奉献给巴黎。她知道，乐队已经进入了乐池，观众也来了一大半。只要演出时间一到，她就有信心用自己独创的舞蹈语言去征服观众。

邓肯万万没有想到，一个难以令人置信的消息传来，这次演出的经纪人居然席卷票房收入，逃之夭夭了。乐队还没有拿到劳务费，听到这个消息，立即拒绝演奏，收起乐器，撤出了剧院。偌大一个舞台，只剩下邓肯孤零零的身影。

邓肯双眼含泪，无助地向到场的观众解释这一切，观众却不肯离开。台下坐着的，大多是青年美术家、音乐家和诗人，他们早就想一睹邓肯的芳容，欣赏她富有叛逆精神的舞姿。他们鼓着掌，一遍又一遍喊着邓肯的名字。

最后，观众中一位钢琴家自告奋勇登上台来，用台上留下的这惟一乐器替邓肯伴奏。邓肯随着肖邦乐曲的旋律翩翩起舞，把节奏和乐曲的神韵表达得准确无误和淋漓尽致。

一场灾难安然无恙地度过了。曲终人散，邓肯再一次孤孤单单地站在舞台上，让伤心和激动的泪水卸去脸上的妆。就在这时，邓肯萌生了一个与命运抗争的念头。她一定要办一所专门传授现代舞的学校，培养出1000个"邓肯"来，在纪念贝多芬诞辰100周年的演出中，表演这位音乐大师的《命运交响曲》。

1904年，第一所邓肯现代舞学校终于在德国柏林成立。学校招收了第一期20多名小女孩，这些孩子大多和邓肯小时候一样，出身平民，家庭清苦。但是，孩子们现在不必像邓肯小时候一样，跟着母亲四处流浪，靠在舞台上扮演无足轻重的角色混饭吃，而是有了安定的环境，可以接受系统的训练。

靠无师自通功成名就的邓肯，深深感到自己缺乏必要的知识。于是，她在自己的学校中，不仅开设音乐、体操和舞蹈课，还重金聘请了教师，增加了绘画和各门自然科学的课程，让孩子们成长为全面发展的人。

根据她现代舞蹈的理念，邓肯把舞蹈课的课堂，安排到田野和森林中。邓肯认为，现代舞和传统舞的根本区别，就是它与大自然同在。没有矫揉造作，没有清规戒律。只有在田野和森林中，才能体会到这种精髓。

1914年，邓肯又在巴黎办了第二所舞蹈学校。可惜命运一再捉弄她，不久，第一次世界大战爆发，她只得带着6名孤儿离开了自己的学校。那6名孤儿都跟她姓邓肯，其中一位名叫俄玛·邓肯的，成了她最忠实的助手。

第一次世界大战结束后，邓肯来到了苏联。在那里，她花了三年时间，创办了第三所邓肯现代舞学校，由于苏联政府的帮助，这所学校成为邓肯亲自负责传授知识和技巧时间最长的学校，办学的成效也最大。

舞台在召唤着邓肯，她不得不再次离开自己的学校。但这一次，她留下了俄玛·邓肯，让自己最得力的助手负责这座办得最成功的现代舞训练基地。

回到西欧，邓肯在法国的一场演出后，因事故不幸罹难。后来，俄玛·邓肯带着苏联的50名弟子，到美国演出。现代舞蹈艺术终于回到了它的故乡。

·叩开原子殿堂·

　　美国南达科他州立大学的电器工程学院出了个诺贝尔物理奖得主欧内斯特·劳伦斯（1901—1958年）。这可是件破天荒的大事。更奇怪的是，欧内斯特是个转学过来的学生，他本不是学物理的，而是一位医学院的学生，一个无线电业余爱好者。促成这一惊人变化的，是电器工程学院的院长阿克利教授。在欧内斯特传奇似的人生道路上，每一个重大的转折，都可以看到阿克利这位教育家的印迹。

　　那是1925年，阿克利教授整个学期都特别忙。学院里系科增加了。从专家到实验室工人都要他过问；学术会议比以往增加了50%。他每天几乎只能睡五六个小时，还总觉得时间不够用。

　　这一天，阿克利刚刚在院长室坐定，女秘书就送了一封信来，信封上写着几个字："急！紧急！"阿克利无奈地打开信封，是一位医学院预科一年级学生写来的，说有"非常重要"的事找院长面谈，请求院长接见，署名是欧内斯特·劳伦斯。

　　真是奇了，一个电器工程学院院长跟一位医学院学生之间，会有什么"非常重要"的事，急得立马非谈不可呢？不过，作为一个教育工作者，一位长者，他实在不应该拒绝任何一个学生的请求。于是，阿克利把会晤定在星期一的下午。

　　一见面，欧内斯特立即拿出一个无线电设备的设置计划，大谈这种先进的设备对每个学生，对电器工程学院的重要性。除大致的设计外，甚至连设备清单都已经准备好了，似乎只等院长签字似的。

　　阿克利用专家的眼光扫视了一下那份计划，立即答应考虑一下，请欧内斯特第二天再来商谈。第二天上午，阿克利就去医学院看了这位学生的档案，发觉他是一位到任何地方都能脱颖而出的棒小伙子，而且对无线电那么热爱。而他为什么去医学院读书呢？

下午见面的时候，阿克利院长就提出了这个问题。谁知答案是那么简单：欧内斯特的父亲是位教师，从小就要求欧内斯特也当个教师，但是南达科他州没有教育专业，于是，就找了一个基础课教学扎实的医学院读书。

原来如此，阿克利院长松了一口气，同意拨款购置无线电器材。不过欧内斯特必须亲自负责设备的安装和调试。阿克利还建议说："如果你对无线电十分感兴趣，不妨留下来，专心致志地干上一个时期。"他真想把这个不可多得的人才收归门下。

事情按阿克利的构想发展着，无线电设备装好了，欧内斯特转学进了二年级，所有的教授都说，即使他在教室睡觉，也比听了一个小时的其他同学懂得多。

毕业前夕，阿克利教授专门抽出时间，跟欧内斯特作了一次长谈。他谈到赫兹对无线电事业的贡献，谈到伦琴如何发现X射线，谈到卢瑟福的原子结构模型，千言万语一句话，人应该超越自我，超越前人。他给了欧内斯特一次机会，叫他到欧洲去参观考察，在科技蔚然成风的地方，寻找最尖端的目标，去努力拼搏，作出自己应有的贡献。

28岁的欧内斯特从欧洲满载而归，并告诉阿克利教授，他已找到了自己的目标，去冲击世界科学高峰，制造产生强大粒子流的机器。阿克利大力支持他，在学校为他建立了阿克利辐射实验室。于是，在美国，除了奥本海默教授这位原子弹之父外，又有了欧内斯特在做同样的工作。

从1931年欧内斯特获得8万电子伏的质子流，到1936年，他终于在回旋加速器里，用1100万伏粒子流首次把铂元素转化成了黄金。欧内斯特的阿克利辐射实验室成了全世界物理学家们的圣地，阿克利教授也成了提携青年科学家的著名教育家。

·始料未及的结果·

　　安东·谢苗诺维奇·马卡连柯（1888—1939年），苏联杰出的教育实践家、教育理论家和文学家。

　　1920年，苏联建国初期一场捍卫新政权的战争行将结束，一群在战争中身心都受到严重创伤的孩子，急需组织和改造。波尔塔瓦省教育厅决定成立一个"少年违法者工学团"，他们任命一位乌克兰铁路小学的校长马卡连柯担任这个工学团的主管。马卡连柯就这样走马上任，并在这里工作了8年。

　　建团初期，工学团内一片混乱。孩子们目不识丁，缺少道德观念，沾染着种种恶习，又对一切都感到麻木。孩子们中间，还有一些小霸王，这些问题少年在进团之前多多少少都犯过轻微的罪行。抢劫、打架、偷盗的生活经历，使这些人对什么都不在乎，还把社会上弱肉强食的那一套搬进了工学团，他们欺负年纪小的同学，常常在学校角落里打架，以确定谁是学校里的"老大"。

　　工学团所有的管理人员都对那些无法无天的学员感到愤慨，他们建议把几个为首的抓进监狱惩处。马卡连柯却不同意，他说："假如他们该判罪，就不会送到我们这儿来了。我们这里是一所特殊的学校，教育的原则对每一个学生都适用。"他告诫每一个教师，要用自己的热忱软化那些人的倔强，不管怎样，都要坚持正面的教育。

　　有一天，工学团又发生了一桩偷窃案，被偷的竟是工学团里一位女管理人员。对这种胆大妄为的行径，所有的管理人员都无比愤怒。马卡连柯也开始感觉到，在这种特殊的环境中，应该建立起各种规章制度。

可是，还没等马卡连柯采取任何行动，"对手们"却找上了他。几个问题最严重的孩子，在雪地里截住了马卡连柯，要向他这位工学团的权威挑衅。

三个孩子挡住了马卡连柯的去路，责问他打算如何处置自己。一个说："喂，校长同志，你想把谁送到监狱里去？"一个说："你不想处罚我们，别人都开始恨你，是吧！别说谎话，你们在办公室是怎么讨论的，我们都知道。"

为首的一个叫什廖卡，他走上前几步，一脸的嘲讽："大叔，您既要照学校的那一套管我们，又得忍受上级和自己同事的责备，那日子实在过得不舒服。我看还是把这个劳什子工学团解散了，对大家都有好处……"

马卡连柯的血往脸面上直涌，他觉得自己的尊严受到了污辱，自己的事业被奚落，他再也无法忍受，伸出手，迎着凑上前来的什廖卡甜腻腻的笑脸猛击了一巴掌。

刹那间，马卡连柯认识到，自己犯了一个极大的错误。他不但违背了自己的教育原则，还有可能引起极大的麻烦。可是，挨了一巴掌的什廖卡却露出奇异的脸色，捂着被扇红了的脸颊，跟另外两个人一同走了。

更出人意料的是，这以后，在马卡连柯逐步建立工学团规章制度的过程中，什廖卡居然成了积极拥护者。他被选为队长，参与了整个工学团的管理，很快成了马卡连柯手下的骨干分子。

多年以后，什廖卡还记得自己挨的那巴掌。他向马卡连柯坦承，是那一巴掌打醒了自己。他开始认识到，校长也是人，也有自己的尊严和人格。在动乱的年代，由于种种原因，自己的尊严和人格受到践踏，因而产生了极强的反抗情绪。但当他看到了校长的反抗时，他明白了自己不该用同样的方式去践踏别人。尤其是事后校长真诚地向他致歉，更让他感到羞愧。

马卡连柯没想到，自己在冲动中所用的一种错误行动，却赢得了始料未及的结果。

·培养做人的尊严·

　　经过一年的努力，波尔塔瓦"少年违法者工学团"终于走上了正轨。那些在战争中身心受到严重创伤的孩子，已经改变了缺少道德、感情麻木的状态，内部的各种规章制度也逐步建立了起来。马卡连柯立即把工学团的名称作了改变，称作"高尔基工学团"，以免挫伤孩子们的自尊心。

　　由于工学团地处偏僻，条件太差，马卡连柯一连向上级递了几次申请，好不容易争取到了两千卢布的教育资金。上级吩咐马卡连柯，填写好委托书，派一个可靠的人，到市里教育部门取回来。

　　马卡连柯叫来一名学童，吩咐说："谢苗，你去把这两千卢布取回来，我给你准备了一匹马，天黑之前赶回来。"说完，从腰间解下自己的手枪，让他做防身的武器。

　　谢苗听了，睁大双眼，惊愕地问："两千卢布？要是我取了钱，带着手枪逃走，你怎么办？你是知道的，我当过小偷！"说着，眼中禁不住噙满了泪水。

　　"少说傻话。"马卡连柯大声斥责他，"我已经签好了委托书，交给你，你就去取！"说着，把委托书和手枪一起塞到谢苗手里。谢苗低着脑袋，含含糊糊应了声："好，我去！"一阵风般冲出了办公室。一会儿，门口传来一阵马嘶，马蹄声声，急速远去。

　　离天黑还有一段时间，谢苗骑着马，飞也似的回到工学团。下了马，他冲进办公室，气喘吁吁地把一沓整齐的钞票和一把手枪放到办公桌上，对马卡连柯说："请您数一数。"马卡连柯却看也没看，拉开办公室抽屉，就把手枪和钱一齐放了进去。

谢苗有点着急了，他提高嗓门："请您务必数一数！"可是，马卡连柯连头也没抬，只说了句："你这个人真叫奇怪，领钱的时候，你不是数过了吗？"

谢苗急得扯着大嗓门叫起来："您这是在捉弄我！您不可能这样信任我！您在冒险，故意冒险！"马卡连柯若有所思，回答说："冒险？去取这么一笔款子怎么会不冒一点险？不过，你年轻力壮，马又骑得好，冒的险总比我小一点。像我这样的人，容易被人认出来，冒的险就会比你大得多。你说是不是？"

谢苗激动地抓住窗上的铁栅栏，大声地吼道："安东·谢苗诺维奇，我只想对你说，我骑在马上，一直对自己说，要是树林里真有强盗冲出来，想抢我的钱，不管有多少人，我一定开枪。子弹打完了，我就扑上去咬、去撕，除非他们把我杀死！免得您认为我不会把钱送回来！"

马卡连柯笑了笑，告诉谢苗："我决定让你去取钱时，我相信你一定会把钱取回来。我要求你办事，就是相信你的人格。你出色地完成了任务，说明我没有看错你。"

谢苗把脑袋一下子靠在臂弯里，来掩饰无法不流淌的热泪。他顿了顿左腿，飞快地跑出办公室。谢苗感受到了被人信任和尊重的幸福，从此以后，他重新建立起自尊，很快成为"高尔基工学团"的骨干之一。

马卡连柯就这样，在"高尔基工学团"培养出数以千计的像谢苗这样的人才。他们中间，许多成为战斗英雄、先进生产者和各种勋章的获得者。

·双手托起东方明星·

奥别多菲尔（1889—1959年），法国巴黎歌剧院首席小提琴演奏家，一生中培养了许多著名小提琴手的乐师，他是个善于发现人才、因材施教的实践家。

1926年的一天，奥别多菲尔家来了三位客人。一位先生是奥别多菲尔熟悉的艺术界朋友，他是来推荐一个东方音乐神童的。另外两位，年长的有二十三四岁，看来在巴黎居住了好久，对法国的一切都十分熟。另一位却是年仅十三四岁的少年，他抱着一把小提琴，怯生生地忽闪着一对机灵的黑眼睛。

这少年便是朋友要推荐的东方音乐神童了，他叫马思聪，来自东方第一大都市上海。奥别多菲尔按通常收徒的规矩，要他拉一首《西班牙交响曲》片断，衡量一下他的水平，才能确定值不值得列入自己麾下。

那少年看起来有些怕生，但琴弓一旦架上了弦，拉奏却一点儿不含糊。一曲奏完，奥别多菲尔脸上展开了笑容："这孩子表达感情很到位，我收下啦。不过他技巧不够标准，还得从最基础的弓法指法练习曲入手。"说着，具体地点出了少年拉琴时手的错误，错误大多出在右手，拉弓的方法不正确，左手指法也有些小毛病。

奥别多菲尔一向以严格著称，他只是这样批评马思聪，已经说明他对东方来的少年很满意了。马思聪左手手指修长灵活，是块学小提琴的料；他表达乐曲感情细腻传神，而且富于东方韵味。这对一个十三四岁的少年来说，实在是难能可贵的了。

但是，在马思聪心里，却涌出一肚子的委屈。三年前，他第一次接触小提琴，就对这种西方弦乐器之王产生了极大的兴趣，国内名师传授，到巴黎又一连拜过四个洋师傅，本以为会听到奥别多菲尔先生一句表扬，不料自己连执弓的方法都是错误的，真让人窝囊。

好在马思聪有坚定的目标、坚强的毅力。在奥别多菲尔正确的指导下，他很快纠正了技巧错误，上了正轨，演技突飞猛进。奥别多菲尔又从乐曲的内涵、西方音乐的情感表达诸多方面加以指导，三年后，马思聪终于琴艺小成，踏上回国献艺之途。

不久，从东方传来好消息，马思聪在上海举办个人音乐会，风靡全城。听到这个消息，奥别多菲尔真为自己惟一的东方入室弟子感到高兴，心驰神往地想象着音乐会的盛况。

翌年，马思聪又出现在老师面前，学而知不足，他又到巴黎深造来了。奥别多菲尔热情地拥抱了自己的学生："我的东方骑士！一年多没听到你的琴声了，快，快奏上一曲，给我听听。"

一连串奇特的旋律从琴弦飞起，像在无垠的大地上飞翔，又像悠远的思绪在翻腾。教授兴奋而疑惑："孩子，你想家啦。这曲子是中国哪位作曲家的作品？曲子虽然不高明，分量却很重，我喜欢。"

马思聪腼腆起来，承认这曲子是自己作的，用了蒙古民歌的旋律，经过老师刚才点拨，就叫它《思乡曲》吧。奥别多菲尔惊奇地睁大双眼："难道你还想学作曲？那可得花费双倍的努力！"看到学生坚毅地点了点头，老师被他的执著和自信打动了。奥别多菲尔立刻介绍他到巴黎郊外找自己的朋友毕能蓬教授学习作曲。

毕能蓬教授的脾气更古怪，听了马思聪奏完《思乡曲》，立即激动起来，大声"恫吓"说："你胆子倒不小哇！连起码的作曲常识都不懂，居然敢写小提琴曲！不行，今天我就给你上作曲学的第一课！"

这位巴黎郊外的隐居客真够狠的。他一上课就总给马思聪布置一大堆作业，马思聪做得慢了，他就一把夺下马思聪手里的笔，朝马思聪大吼大叫。名师出高徒，毕能蓬越严格，马思聪的进步越大。就这样，马思聪终于成长为集演奏和作曲于一身的音乐家。

·校长的愤怒·

苏霍姆林斯基（1918—1970年），苏联著名的教育实践家、理论家，坚持全面和谐教育方针的杰出代表，他的理论对苏联20世纪下半叶的教育事业产生过深刻的影响。

1944年春天，苏霍姆林斯基正在后方一家工厂中学担任校长，听到家乡乌克兰已经从德国侵略者手中获得解放，立即回到已被收复的家乡，担任了教育局局长。他殚精竭虑，在百废待兴的故乡努力工作，用整整四个年头，终于完全恢复了家乡的学校教育教学。

苏霍姆林斯基曾经提出过一个响亮的口号，所有的教育工作者应该"到教师中去！到学生中去！到课堂中去！"立足教学第一线，才是一个真正教育家的科学态度。因此，他辞去局长职务，婉言拒绝了大学的教职，到一个普通的农村中学担任校长。在这个名为帕夫雷什的中学里，苏霍姆林斯基既当校长，又当语文老师，既教书又当班主任，是一个完完全全的教育实践家和具体工作的指导者。

当时的苏联教育机关，强调的是培养专家，这种单纯的英才教育势必把智育放在第一位，分数高低成为衡量学生的惟一标准。苏霍姆林斯基反对这种做法，他认为应该把德智体美劳诸育和谐地结合起来，而不是片面强调其中的哪一个方面。

苏霍姆林斯基在学校努力实践自己的教育理念。但是，社会习惯势力的影响却实在是大，只看分数的倾向在帕夫雷什中学存在，一时间难以消除。

寒假的时候发生了一件事，一位年龄才10岁的三年级女学生安娜，淌着眼泪恳求母亲，快搬家吧，搬到一个没有学校的地方去住，这里实在无法过下去了。母亲问安娜，为什么要搬走。安娜大哭起来，拿出学校发的成绩单。那上边除了有一两个及格的3分以外，剩下的都是用红笔填写的不及格的分数2分。有这种分数的人，在学校里实在丢尽了脸，一天到晚抬不起头来。

消息传到校长苏霍姆林斯基耳朵里，苏霍姆林斯基禁不住勃然大怒。他召开了教师大会，严厉批评了习惯性的做法。他说，认为学生得了好分数才是有用的人，分数不理想就毫无作用，这种评价学生的方式不符合学校的根本宗旨，学校要培养的是有道德、有科学知识的劳动者，学习只是学生全部学校生活中的一部分，而不是惟一的任务。

根据对学生的跟踪调查，苏霍姆林斯基分析：有的儿童在掌握知识方面确实有困难，教师就应该设法在别的劳动领域中让他表现自己，这样他就能认识到自己的力量和才能，珍惜自己的荣誉。有了这种荣誉感，他就会找到克服学习中困难的力量。和谐发展的教育方针，就是要去发现深藏在每个人内心的才智。

之后，劳动教育始终坚持每周安排两个小时，学校也逐渐形成了宽松、活泼、自由的气氛，曾经闹着要搬到没学校的地方、学习困难的安娜，在校长亲切的关怀下，不久就露出了笑容。她从一位劳动积极分子开始，逐渐克服了学习上的困难，终于成长为一名合格的中学生。

因为帕夫雷什中学取得的成就，苏霍姆林斯基获得了"社会主义劳动英雄"的称号，并荣膺列宁勋章。

·播种良知的教育家·

当劳动教育得到全苏联教育界重视之后，另一种不良倾向又开始抬头。有些专门赶潮流的人片面地夸大劳动教育的功能，他们一再加码，有人甚至把高年级每周劳动教育实践课增加到12小时。

这种"矫枉过正"式的办法，立即遭到苏霍姆林斯基的批评。他决定用教育实践来检验什么才是正确的教育方法。

苏霍姆林斯基在高年级组织了两个劳动小组，让他们都参加同一种劳动，去种植高产的冬小麦。这两个小组，无论在身体方面、学习成绩方面，以及道德品质方面都比较平衡，只是对他们提出的要求有所不同。

对廖什卡当组长的一组，苏霍姆林斯基只提出一个要求，希望他们争取高产；对雅克西姆小组，除了高产以外，还加上改良土壤结构和成分的要求。

冬小麦种了下去。开始时，两个小组都认真地忙碌在自己的试验田里。可是，随着冬小麦一天天长大，到抽穗以后，两个小组的热情就产生了明显的差异。

虽然麦子还没有收上来，但是，廖什卡和他的小组成员们，看到丰收在望，到田里的人就少了，对劳动的兴趣逐步消失。而雅克西姆小组的学生，劳动的兴趣却依然不减。他们的事还多着呢，除了丰收,他们更关心土壤。天天去观察麦田土壤的结构，测量水分多少。他们还去翻书，研究收了麦子之后，如何处理麦秆，能不能还秆归田，增加土壤的肥力，等等。

两种要求，竟然会产生如此不同的结果。苏霍姆林斯基从中得出结论：体力劳动和脑力劳动结合，是培养学生热爱劳动的有决定意义的手段。

苏霍姆林斯基说，普通学校学的东西，只有很少一部分跟生产劳动有直接联系。在学校开设劳动课，重要的是它的社会意义、道德意义，让学生们认识劳动的责任和义务，认识劳动的崇高目的。所以盲目增加劳动课时是得不偿失的，既不能达到劳动教育的目的，又影响了学校教育的基本任务。

他的实践再一次证明，全面和谐的教育才是真正应该贯彻的正确方针。

苏霍姆林斯基播种着教育家的良知，他再一次荣膺列宁勋章。他不愧是苏联教师的杰出代表，最卓越的教育理论家。